친밀함의 회복

| 오경숙 지음 |

쿰란출판사

| 추천사 |

　매스 미디어의 발달과 한층 발전된 과학으로 현대는 여러 가지로 편리해지고 좋은 점들이 많이 있지만, 반대로 인간의 마음과 영혼은 그만큼 행복하지 못하다. 특히 우리나라는 많은 기독교인들과 교회 문화가 영향력을 끼치고 있는 나라임에도 불구하고, 자살률이 높고, 가정은 해체되고 있으며, 범죄율이 여전히 증가하고 있는, 행복지수가 낮은 나라에 속한다.

　이런 시점에, 아직은 시작 단계이지만, 교회와 여러 단체나 복지 기관에서 다양한 상담 프로그램으로 사람들의 마음을 만져주고, 회복시키는 일을 도모하는 것은 참으로 고무적인 일이다. 더 많은 곳에서, 더 심화되고 실제적이며 구체적인 주제들을 가지고 사람들을 변화시키고, 가정을 회복시키며, 청소년들을 보호, 양육하는 일들이 더 많이 일어나야 한다.

　그동안 꾸준하게 상담을 하며, 여러 학교와 기관에서 오랫동안 강의를 해왔던 오경숙 교수의 《친밀함의 회복》은 이 어려운 시대에 확실하게 필요한 탁월한 책이라고 생각된다. 인간 누구나가 가질 수 있는 굶주린 마음과 분노, 불안감과 열등감, 우울증을 살펴보고 그 원인과 증상을 이해하며 구체적으로 치유 방안까지를 다양하게 제시하고 있다. 그리고 분명하게 성경적인 안목으로 말씀의 귀결점을 제시하고 있어서 참으로 귀하고 탁월한 책이다.

　이 책을 통하여 방황하고 있는 많은 영혼들이 안정을 얻고, 치유가 일어나기를 원하는 간절한 마음으로 이 책을 추천한다. 특히 목회자나 리더로서 다른 사람들을 돕고 돌보는 분들에게도 이 책이 많이 읽혀져 열매 맺는 사역이 되기를 기도한다.

2012년 9월 1일
분당한신교회 담임목사, 목회학박사
이윤재

| 추천사 |

하나님은 인류를 창조하실 때 하나님을 닮은 인격으로 지으시고 서로 사랑하며 아름다운 관계를 갖게 하셨지만, 마귀는 사람의 감정을 상하게 하여 갈등과 반목으로 상처받고 아파하며 살아가게 했다.

오경숙 교수는 이러한 상처의 아픔을 해결하여 건강한 인격자로 성숙하도록 내면아이 치유에 관심을 갖고 가족치료 사역을 하시는 분이다.

그는 교육학자이며 기독교 상담학자로서 청소년, 학습치료, 가족치료사역과 교회에서 새가족 정착사역을 오랫동안 해 오신 분이다. 현재 같은 교회에서 동역목회를 하며 하나님 나라 인재를 길러내는 '걸작인생 만들기' 프로젝트를 개발하여 전도와 정착 사역에 헌신하고 있으며, 신앙의 명가를 세워 하나님 나라 인재를 길러내는 가정 회복에 열정을 쏟고 계신 분이다. 또한 나와 함께 한국교회 개척 미자립교회를 세우기 위해 헌신하는 중에, 특히 '상담설교'로 목회자를 세우고 계시는, 교회를 사랑하는 전도자이기도 하다.

분주한 사역 중에도 상한 마음으로 고통 받고 있는 이들을 위하여 상처의 쓴 뿌리가 되는 정서적인 굶주림, 불안감, 분노 치유, 열등감의 치유, 우울증 치유에 대한 원리와 실제적 적용을 저술하여 누구나 쉽게 읽으며 치유받을 수 있게 하였다.

　나는 이 책을 읽고 나의 상처의 남은 흔적들을 지우는 은혜를 누릴 수 있었다. 그래서 아픔이 있는 모든 분들에게 치유와 회복으로 행복한 삶을 누리게 될 것을, 나아가 한국교회와 많은 위기의 가정들에게 희소식이 될 것을 확신하며 적극 추천하는 바이다.

　언제나 내 누님 같은 교수님의 위로와 격려, 그리고 적극적으로 지지해 주심에 감사드리며, 이 명작이 나오게 됨을 진심으로 축하드린다.

2012년 9월 1일
GMM전도선교회 대표, 케쉐트전문전도자훈련원장
장일권

| 추천사 |

    인간은 혼자 살 수 없는 존재다. 그러기에 누군가와 관계를 맺으면서 살아가기 마련이다.
    그러나 우리 인간은 다른 사람과의 관계 속에서 서로를 사랑하고 위로도 하지만 다양한 상처를 받기도 한다. 다른 사람에게 상처를 받으면 그와의 친밀감이 약화되고 관계도 깨지게 된다. 그리고 깨진 관계는 다양한 형태로 그의 삶에 부정적인 결과를 만들어낸다.

    본서는 우리 인간이 깨진 관계 속에서 갖게 되는 정서적 굶주림, 분노, 불안, 열등감, 우울증 등을 들여다보면서 그 원인을 파헤치고 동시에 처방책까지 제시한다. 그래서 우리의 내면을 들여다보게 해준다. 특히 본서는 다양한 사례를 소개함으로써 읽는 이로 하여금 공감을 불러일으킬 뿐만 아니라 독자를 비춰주는 거울을 제공해 준다.

    그러나 무엇보다 이 책의 가장 큰 특징은 친밀함의 회복이라는 관점에서 인간의 내면을 다루면서 그것을 반드시 성경 말씀을 통해 재조명하고 해석하며, 처방책도 성경으로 제시하고 있다는 점이다.

    따라서 자신의 내면을 들여다보기를 원하는 사람, 특히 다른 사람과, 그리고 하나님과 깨진 친밀감을 회복하기를 원하는 사람은 꼭 이 책을 읽기를 권한다. 자신의 고장 난 내면과 더불어 그 치유책을 발견할 수 있기 때문이다.

2012년 9월 1일
철학박사, 백석예술대학교 교수, 교목
윤병운

| 추천사 |

　그동안 심리와 상담이론에 관한 여러 종류의 책을 접하면서 문장의 화려함과 기교 그리고 과장된 표현으로 씌어진 글들이 많다고 느꼈다. 그러다 오경숙 교수가 탈고한 《친밀함의 회복》 원고를 읽으면서 참으로 신선한 학문적 도전을 받았다. 간결하면서도 강렬한 실제적 내용을 담은 교육교재로 학습현장에 제대로 접목시킬 수 있는 학문이론이란 생각이 든 글이었다.
　머리가 아닌 가슴으로 가르치는 오 교수의 깊이와 열정이 녹아 있고 학문적 이론과 학습현장의 경험이 만들어낸 창조적 열매인 이 책을 그래서 참으로 기쁜 마음으로 추천하는 것이다.

　우선은 교육이론서이면서도 교훈과 감동이 젖어 있는 교재의 내용이 무척 충실하며 공감을 형성한다. 그러면서 상담과 심리를 아울러 앎과 삶이 조화를 이룰 수 있게 하는 데도 많은 도움을 주고 있다. 단순한 지식 전달만이 아닌 피교육자에 대한 사랑, 헌신의 방법, 교육의 감동과 영적 권위 등은 가르치고 배우는 모두에게 새로운 에너지를 충전해 주기에 충분하게 보여진다.

　특별히 '분노의 치유'라는 이 책의 새로운 패러다임은 하나님의 경영을 현장에서 실험하는 좋은 시도이며 또 다른 회복의 역사를 만드는 초석으로 보여진다.

    따라서 오 교수의 열린 마음의 창조적 노력은 학문의 현장에서 시너지(synergy)로 나타나며 피교육자들에겐 좋은 교육적 멘토링이 될 것으로 그 가치에 대한 기대가 크다.

    아무쪼록 이 책이 학습현장에서 하나의 해답이 되길 바라며 수고한 오 교수와 협력자들에게 감사와 축하를 드린다.

2012년 9월 1일
국제문화대학원 대학교 교수
정사무엘

| 추천사 |

　우리 모두는 평온하고 따뜻한 행복한 삶을 원한다.
　그런데 물질문명과 산업문명 그리고 기계문명과 정보문명의 현대를 살아가는 우리는 내면의 공허함과 불안함으로 마음의 굶주림 속에, 외롭고 아프며 소외된 삶에 얽매인 불행한 삶을 살아가고 있다. 이러한 시대적 상황 속에서 저자는 친밀함의 회복을 통해 하나님이 우리에게 주신 가장 큰 선물인 사랑의 회복과 행복의 회복을 추구하려 시도하였다.

　미국과 캐나다에서 상담학으로 박사학위를 취득한 후 많은 연구를 해 저서를 내고 각 대학에서 강의와 상담소 운영을 통하여 마음의 아픔과 상처를 치유하고 있는 저자 오경숙 교수는 이 책에서 우리가 현대의 삶에서 부딪치고 있는 마음의 굶주림, 분노, 불안함, 열등감과 우울함의 원인과 그 치유의 방법을 전문적이면서도 구체적이고 실천적으로 제시하고 있다.
　심오한 전문성과 오랜 상담 경험을 바탕으로 제시한 실천가능한 실제적인 치유 방법들은 다른 어떤 방법보다 높이 평가받을 수 있다.

　저자는 친밀함의 회복을 통한 진실된 삶의 만족과 행복을 하나님과의 관계 회복에서 결론적으로 찾고 있다. 그러기에 이 책은 더욱 귀하고 소중하게 느껴진다.

   하나님의 인간 창조의 목적인 사람 간에 사랑의 교제와 실천을 통해 보다 나은 가치와 행복이라는 열매를 맺을 수 있는 것이다. 이로써 우리는 친밀함을 회복할 수 있고 타인과의 관계가 회복될 수 있다.

   우리의 삶은 사랑을 나누며 함께 살도록 지어져 있다. 함께 살고, 함께 먹고, 함께 울고, 함께 기뻐할 때 우리의 삶은 평온과 행복의 자유를 누릴 수 있다. 이로써 현대의 삶 속에 부딪치는 소외되고 아픈 마음의 외롭고 얽매인 상황에서 벗어날 수 있고 우리의 삶의 명제인 하나님과의 친밀함, 나 자신과의 친밀함 그리고 타인과의 친밀함이 회복되어 우리가 원하는 평온하고 따뜻한 행복한 삶을 누릴 수 있을 것이다.

   이러한 의미에서 이 책의 출간이 우리 모두의 삶에 유익한 지침서가 되고, 나아가 이 책을 통해 이 시대를 살아가는 우리의 아픔이 치유되고 회복되는 아름다운 열매가 맺어지리라 확신한다.

2012년 9월 1일
경영학박사, 전 경기대학교 총장
최상래

| 머리말 |

　　오래 전부터 구상해 왔던 주제들을 쓸 수가 있어서 무엇보다도 감사하다. 그 동안 많은 시간을 강의하며, 상담하며, 이런 책이 하나 있었으면 좋겠다고 늘 생각했지만, 막상 쓰는 데는 생각보다 오랜 시간이 걸렸다. 이 중 어떤 내용은 나의 개인적인 의견에서 나온 것도 있지만, 다른 신학자나 기독교 상담자들의 의견을 빌려다 쓴 것도 물론 있다.

　　모든 사람들은 친밀감을 원한다. 어쩌면 이것은 우리 삶에서 가장 중요한 주제이기도 하다. 하나님과의 친밀함, 나 자신과의 친밀함, 그리고 타인과 함께 누리는 친밀함이 바로 그것이다. 이 세 가지 면에서 우리의 친밀감을 빼앗아 가고, 우리를 괴롭히며 고독하게 하고, 더한 절망으로 빠지게 하는 굶주린 마음, 분노, 불안감, 열등감, 우울증들을 하나하나 살펴보며, 그 원인과 증상들을 이해하고, 치유하는 방안들을 구체적으로 살펴보는 일은 어려운 작업이었지만 보람되고 의미가 있는 일이었다.

　　아무쪼록 이 작은 책이 우리의 아름다운 청소년부터 자신이 가장 어려운 시기에 있다고 느끼는 청년들, 그리고 어른들까지, 친밀감을 회복하게 하여 일상의 삶에 도움이 되었으면 한다. 치유가 필요한 분들은 물론이지만, 예방 차원에서도 읽혀지고, 교회의 소그룹 활동에도 사용되었으면 하는 바람이 있다. 또한 다양한 분야에서 리더나 상담을 담당하고 있는 분들에게는 꼭 한 번쯤 통독하실 것을 권장하고 싶다.

하나님께서는 우리에게 인생을 혼자서 외롭게 살라고 하시지 않는다. 서로가 서로에게 도울 수 있는 은사를 주셨고, 또한 서로의 짐을 같이 져주며, 그 무거운 짐을 서로 나눌 것을 말씀하셨다. 서로에게 깊은 관심을 갖고 공감해주며, 이해하고 수용해주는 일은 가정에서 뿐만 아니라 교회 공동체와 일반 다른 공동체에서도 중요한 일이 되었다.

한 단계 더 나아가, 좋은 조언을 통하여 사람들이 다시 자신의 삶을 찾도록 도와주며, 지금의 어려운 상황을 이겨낼 수 있도록 도와주는 일은 더욱 필요한 일이다. 이 책이 이러한 면에서 활용되기를 간절히 기도해 본다.

"너희가 짐을 서로 지라 그리하여 그리스도의 법을 성취하라"
(갈 6:2).

"지략(상담)이 없으면 백성이 망하여도 지략(상담가)이 많으면 평안을 누리느니라"(잠 11:14).

끝으로 이 책을 집필할 수 있도록 인도하신 주님께 감사드리며, 늘 기도해 주시는 제자 목사님들과 동역자들, 선후배 상담자들, 그리고 기꺼이 추천사를 써주신 목사님들과 가족들에게 진심으로 감사를 드린다.

2012년 9월 1일
오경숙

| 차례 |

추천사
    이윤재 (분당한신교회 담임목사, 목회학박사) / 2
    장일권 (GMM전도선교회 대표, 케쉐트전문전도자훈련원장) / 4
    윤병운 (철학박사, 백석예술대학교 교수, 교목) / 6
    정사무엘 (국제문화대학원 대학교 교수) / 8
    최상래 (경영학박사, 전 경기대학교 총장) / 10

머리말 / 12

1장 친밀함의 회복을 위하여 / 17
    내면의 건강이 중요하다/ 상처, 마음의 상처/ 상처의 원인과 이해/
    진정한 변화/ 상처의 직면과 치유

2장 정서적인 굶주림 채우기(굶주린 마음의 치유) / 38
    정서적인 굶주림이란?/ 굶주린 마음의 원인들/
    정서적 굶주림이 삶에 미치는 영향들/ 굶주린 마음의 회복

3장 분노의 이해와 치유 / 76
    어린 시절 학습과 분노의 표현은?/ 분노를 일으키는 내적 요인들/
    분노의 다른 얼굴들/ 분노의 표출만큼 무서운 회피/
    분노하는 마음의 치유

| 차례 |

4장 불안의 이해와 치유 / 130
불안에 대한 실험/ 불안이란?/ 불안의 종류와 그 사례들/
불안한 마음의 원인들/ 불안한 마음의 증상들/ 불안한 마음의 치유

5장 열등감의 이해와 치유 / 160
열등감의 원인들/ 자기 안에 존재하는 고통/ 자기의 외적 조건들/
열등감의 증상들/ 사울 왕과 열등감/ 열등감을 치유하기 위한 자존감의 이해/
열등감의 치유

6장 우울증의 이해와 치유 / 188
우울증의 원인은?/ 우울증과 분노/ 우울증과 선택/
우울증에 대한 잘못된 생각들/ 우울증의 치유

나가는 말 / 225

부록 – 오경숙 교수의 우울증 산책 / 230

1장 친밀함의 회복을 위하여

/ 내면의 건강이 중요하다

/ 상처, 마음의 상처

/ 상처의 원인과 이해

/ 진정한 변화

/ 상처의 직면과 치유

1장 친밀함의 회복을 위하여

모든 사람은 친밀함을 원한다. 어쩌면 이것은 우리의 삶에서 가장 중요한 명제이기도 하다. 하나님과의 친밀함, 나 자신과의 친밀함 그리고 타인과 함께 누리는 친밀함이 바로 그것이다. 이것을 얻기 위해 수많은 사람들은 평생을 노력하기도 하고, 또한 이것을 얻지 못해 수많은 시간을 방황하기도 한다.

왜 사람들은 서로가 친밀함을 형성하고 거기에서 만족감을 누리며 살아야 하는 것일까? 또한 지금 자신이 누리는 관계의 행복에 만족하지 못하고 다른 곳에서 행복과 만족을 찾으려고 하는 것일까? 먼저 우리는, 하나님의 형상으로 지어진 우리 인간의 내면 깊숙한 곳에는 하나님의 사랑을 주고받으며 서로 교제하여 하나님의 형상을 회복하고자 하는 깊은 갈망이 있음을 간과할 수 없다.

"우리가 보고 들은 바를 너희에게도 전함은 너희로 우리와 사귐이 있게 하려 함이니"(요일 1:3)의 말씀을 통해서도 알 수 있는 것처럼, 하나님께서는 우리 인간에게 친밀하게 교제하는 것을 원하시고, 또 그것을 위해 인간을 만드셨다. 곧 하나님과 먼저 친밀하게 교제하고, 그것을 기초로 한 우리의 생각과 감정과 행동이 안정되도록 우리를 설계하셨고 만드신 것이었다.

이 기초공사가 되어 있지 않는 한, 많은 사람의 인정과 사랑을 받아도 우리의 마음은 여전히 공허할 수밖에 없다. 곧 하나님과 상관없는 그 어떤 것에 열중하고, 무엇인가를 이루어 만족을 추구해 보지만, 여전히 방황하게 되고 더욱 갈증 속에 빠지게 되는 것이다.

친밀함의 회복

기독교 심리학자인 래리 크랩(Larry Crabb)은 그의 저서 《깨어진 꿈의 축복》(Shattered Dreams)에서 상처를 받은 사람들이 또 다른 상처를 받지 않으려고 쓰는 전략을 이렇게 묘사하고 있다.

> 우리는 모두 하나님보다 못한 어떤 것에 대한 욕구에 열중하는 늪에 빠져 있다. 많은 여성에게는 '하나님보다 못한 그 어떤 것'이 인간관계를 통제하고자 열중하는 것으로 나타난다……. 그들은 자신의 모습을 있는 그대로 다른 사람들에게 보여주는 대신에 다른 사람을 통제하고 지배하는 관리자들이 된다. 그들은 자신들의 연약함을 인간관계를 통제하는 단단한 벽 뒤에 안전하게 숨긴다.
> 반면에 남성들에게는 더욱 공통된 현상으로 '하나님보다 못한 그 어떤 것'이 인간관계 자체를 기피하고자 하는 열중으로 나타난다. 그들은 말한다. "어떤 사람과 의미 있는 관계를 맺지 않아도 깊고 충분한 만족감을 얻을 수 있어!" 라고.
> 그들은 가족과 친구들과의 관계를 피상적인 차원에서 안전하게 유지한다. 그러면서 그런 삶의 방식으로는 결코 느낄 수 없는 기쁨, 깊은 관계로만 얻을 수 있는 기쁨을 체험하는 상태에 이를 수 있다고 느낀다. 그들은 두 가지에 전념한다. 하나는 다른 사람들을 가까이함으로써 자신의 약점을 드러내는 위험을 절대 감수하지 않는 것이고, 다른 하나는 그런 원칙을 지키며 자신이 강한 남자라는 것과 살아 있다는 것을 느끼는 것이다.

그렇다. 자신의 상처와 아픔과 고통을 처리하기 위해 많은 사람들은, 자신도 알 수 없는 방향으로, 타당하지 못한 방법으로, 더욱 악화

될 수 있는 늪에 빠지는 것들을 선택할 수 있다. 그러나 그런 모든 행위들은 가장된 것이고, 스스로 잘못 만들어 놓은 자신만의 외로운 별장과 같은 것이다. 더욱 소외되며, 아프며, 외로울 뿐이다. 인간의 고독은 하나님의 아가페 사랑을 갈구하는 열병과 같은 것이라고 누군가가 고백했다. 곧 고독한 인간의 마음은 하나님의 그 큰 사랑과 은혜를 경험할 때, 채워질 수 있는 것이다.

"하나님이여 나를 살피사 내 마음을 아시며 나를 시험하사 내 뜻을 아옵소서 내게 무슨 악한 행위가 있나 보시고 나를 영원한 길로 인도하소서"(시 139:23-24).

진정한 변화는 그분과의 교제 속에서 일어날 수 있는 것이다. 친밀함을 회복하기 위해서는 먼저 '탕자가 고향의 친아버지를 찾아가듯' 늘 나를 기다리며 큰 사랑으로 늘 품어주시는 그분을 진정으로 만나며, 체험해야 한다.

내면의 건강이 중요하다

당신 안의 어린아이는 성인이라는 껍데기 속에 계속해서 존재한다. 아마도 "존재한다"보다 "왕성하게 살아 있다"라는 말이 더 좋은 표현일 것이다. 그 이유는 '과거 속의 내적 아이'는 자신이 좋아하는 일에 무턱대고 뛰어들어 요란하게 활개 치는 특성이 있는 반면, 싫어하는 것은 어떻게든 회피하고자 하여 다른 사람을 화나

게 하고 힘들게 하기 때문이다. 때로 그 어린아이는 두렵고 수줍어하며 움츠러들기도 한다.

싫든 좋든 간에 우리는 과거의 어린아이와 현재 성인의 성품을 동시에 지니고 있다. 과거의 감정적 영향력에 의한 어린아이의 성품은 현재의 생활에 반대가 되는 반면, 현재의 성인은 과거를 잊어버리고 현재의 삶을 온전하게 살려고 노력한다. 과거의 어린아이는 현재의 성인으로서 누려야 할 만족감을 방해하거나 좌절시키고, 당혹스럽게 하거나 괴롭게 하며, 아프게 하거나 혹은 반대로 삶을 윤택하게 할 수도 있다.

휴 미실다인(W. Hugh Missildine)이 그의 저서 《당신 안에 있는 과거의 내면아이》(Your Inner Child of the Past)에서 쓴 글이다. 사람은 모두가 싫든 좋든 간에 과거의 어린아이와 현재 어른의 성품을 동시에 지니고 산다. 그것은 우리 내면의 어쩔 수 없는 실정인 것이다. 과거의 내면아이와 현재의 어른이 잘 조화되고, 서로를 이해하며 격려하여서, 우리의 마음을 평화롭게 할 수 있는 것이 내적 건강이라고 말할 수 있다. 흔히 사람들은 외적인 환경을 잘 만들면 삶이 행복해지는 것으로 생각해서, 그것을 만들기 위해 분투하고 모든 노력을 기울인다. 그러나 정작 우리들의 삶의 질은 외적인 부분보다는 내적인 부분에 의해 결정될 때가 많다.

"모든 지킬 만한 것 중에 더욱 네 마음을 지키라 생명의 근원이 이에서 남이니라"(잠 4:23).

1장 친밀함의 회복을 위하여

하나님께서는 자녀인 우리의 삶을 인도하기 위하여 먼저 '마음과 생각'을 지키는 데 중점을 두시며, 우리의 '속사람'을 강건케 하기를 원하신다. 예수님이 이 땅에 오셔서 하신 사역도 크게 '설교, 가르침, 치유'(Preaching, Teaching, Healing)로 볼 수 있는데, 물론 인간을 구원하시는 것이 이 사역의 핵심이었다. 영적으로는 '대속'을 통한 구원이셨지만, 현실적으로는 '상한 마음을 고치는 것'을 통하여 인간의 마음을 옥토로 바꾸고, 자유케 하셔서, 그분과의 진정한 교제를 위함이셨다.

상처, 마음의 상처

많은 사람들은 아물지 않은 마음의 상처를 가지고 살아간다. 우리 안에는 결코 지워지지 않는 상처의 나이테가 있고, 그것 때문에 많은 사람들은 풍성하고 아름다운 삶을 누리지 못할 뿐만 아니라 고통스럽고, 괴로운 시간들을 보내며, 그리고 또한 자신을 괴롭히고, 비난하며 살아왔다.

 우리가 받아온 상처들은 생각과 감정의 나이테 속에 기록이 남게 된다. 그리고 그 기억들은 우리의 사고와 감정과 대인 관계의 영역 속에 직접적으로, 깊게, 영향력을 미치고 있다. 그 영향력은 인생에 대한 것이나 하나님을 향한 우리의 태도, 다른 사람이나 자신을 보는 태도에 나타나게 된다……. 인격에 손상을 입은 정서적인 문제들은 빨리 낫지 않는다. 무엇보다도 먼저 이러한 문제들을

빨리 이해하는 것이 필요하다. 그리하여 스스로가 자신을 학대하지 않고 오직 성령님께서 특별한 방법으로 우리의 상처들과 혼동된 상태들을 고치실 수 있도록 맡겨야 한다.

우리는 또한 이러한 문제들을 이해함으로 다른 사람들을 날카롭게 비판하지 않게 된다. 오히려 오래 참음으로 다른 사람들의 잘못된 행동을 이해하게 된다. 그렇게 함으로써 우리는 다른 그리스도인을 부당하게 비난하고 판단하지 않게 된다. 그 사람들은 가짜 그리스도인이나 위선자가 아니다. 우리와 꼭 같은 사람들이다. 다만 그들의 행동이 지금 올바로 나타나지 않는 것은 과거에 받은 상처와 잘못 형성된 사고가 그 원인으로 남아 있기 때문이다.

위의 내용은 데이빗 씨맨즈의 《상한 감정의 치유》에서 인용한 부분으로서, 상처가 우리에게 준 영향을 빨리 이해하고, 스스로를 학대하지 말 것과 상처 입은 다른 사람을 이해하는 것을 강조하고 있다. 마음의 상처가 적절하게 해소되지 못했을 때 사람들은 방어기제를 사용하게 되고, 또한 그것들은 우리의 감정을 왜곡시키고 뒤틀리게 한다. 뿐만 아니라, 상한 감정은 우리 내면의 평안과 평강을 빼앗아 간다. 본래의 감정에서 이탈되어, 감정이 지나치게 예민해지거나 반대로 무뎌지기도 한다.

그러나 더 중요한 것은 마음의 상처는 관계의 장애를 가져온다는 것이다. 이것은 상처가 많은 사람들에게 있는 가장 심각한 현실적인 문제이다. 그들이 보편적으로 갖고 있는 '이기성'과 '자기 중심성'은 좋은 관계를 맺는 데에 막대한 지장을 가져다주기 때문이다. 즉, 하나님과의 관계, 자신의 내면과의 관계, 그리고 다른 사람과의 관계가

어렵고 원활하지 못하며 불편하게 된다. 이렇게 지속적으로 좋은 관계를 누리지 못하고 살 때에, 우리는 우리의 삶을 지탱해 주는 삶에 대한 의욕과 적절한 자존감과 영적 능력까지도 잃어버릴 수 있다.

그러므로 자신에게 있는 상처를 이해하고 인정하는 것은 치유에 있어서 그 무엇보다도 중요한 과정이다.

상처의 원인과 이해

여러 가지의 환경적인 고통들은 그 가운데에서 살고 있는 사람들에게 상처와 아픔을 가져다 준다. 특히 어린 시절에 경험한 병, 가난, 잦은 이사, 유전적 질병, 원인을 모르는 정신적 질환, 열등감, 중독 등등은 심각하게 한 사람이 성장하는 데에 걸림돌이 된다. 그리고 더욱 직접적인 원인으로는 상처 있는 부모와 주변 사람들, 그리고 현재의 배우자나 자녀들과 연관이 있다.

만약 당신이 자기 집에서 편안함을 결코 느껴보지 못했다면 세상에서 고향 같은 편안함을 느낀다는 것은 매우 어렵다. 만약 어린아이 때 거부를 당했다면 당신은 극도의 정신적인 장애를 가지게 된다. 사실상 '고향이 없는 사람'이다. 자신을 사회에서 버림받은 자요, 자신이나 다른 사람에게 용납될 수 없는 사람으로 볼지도 모른다. 당신의 자기비하는 쓰라린 것이며, 다른 사람에게 자동적으로 쓴 마음을 가지게 되는데, 그것은 종종 다른 사람을 오해하게 한다.

이 말에서처럼, 어린 시절에 당한 거부는 개인에게 치명적인 상처가 된다. 거부한 사람이 자신에게 중요한 사람일수록 그 감정은 깊어지고 괴로운 것이다. 현재에 처해 있으나 사실은 과거의 상처에 매달려 사는 것과 다름없다. 이처럼 부모 환경은 중요하다. 자신도 모르게 형성된 마음의 버려야 할 '짐 덩어리들'과 '강력한 내적 어린아이'를 이해하기 위해서는 자신에게 주어졌던 환경과 부모의 양육방식을 살펴보는 것이 필수적이다. 아래의 글을 통하여 먼저는 자라온 환경을 좀더 깊이 관찰해 보고 그것이 현재의 삶에 파괴적인 영향을 끼치고 있지 않는지를 살펴보자.

자녀를 잘 키우려면 체벌과 강한 통제를 해야 한다고 흔히 생각하는 '체벌형 양육방식'은 부모의 분노와 공격과 좌절이 삶에서 여러 가지 방법으로 나타난다. 곧 부모는 자녀에게 벌을 줄 때 자신이 정당하다고 느끼지만 대개는 자녀의 행동과 태도 때문이 아니라 자신의 분노, 좌절, 인내심의 부족으로 더 많은 화를 드러내게 된다. 부모에게 이렇게 혹독한 취급을 받아온 아이들은 오히려 벌을 받는 것을 정당화시키거나, 벌을 자초하는 경향이 있다.

사춘기에 들어서면서부터는 쌓아둔 분노를 표출하며, 보복하는 것을 배우고, 드러내기 시작한다. 다른 사람들과 즐거운 관계를 경험해 본 적이 거의 없기 때문에 진정한 행복을 모르며, 늘 의심하며 복수심을 갖는 경향이 있다. 심한 체벌은 학대로 이어져서, 분노와 범죄를 정당화시키는 사람으로 변질시킬 수 있다.

'방치형 부모'는 부모가 자녀의 발달 과정에 관심을 갖지 못하고, 다른 일에 몰두해 있거나, 자녀를 떠나 있음을 말한다. 방치형의 부모 아래서 어린 시절을 보낸 아이들은 개인이 가져야 할 자아 정체감

이나 자존감의 문제를 갖게 된다. 곧 다른 사람과의 관계에서 친밀감을 누리지 못할 뿐만 아니라 매사에 의사표현을 분명히 못하며 관계 맺는 능력이 부족하다. 어린 시절의 교육이 부족하였으므로 자신의 행동이나 능력에 대한 스스로의 규정이 어렵다. 자신이 피해자라는 생각을 한다.

'완벽주의형 부모'는 부모가 자녀에게 수준 이상으로 성취하기를 원하고 그 기대가 충족되었을 때만 가치를 인정하므로 자녀는 대부분 이 기대를 맞추기 위해 죽도록 노력하고 성취욕에 목숨을 건다. 그러나 이러한 태도는 곧 몸에 익숙해져 습관이 되고, 기쁨이나 행복에는 무관심하다. 다른 사람들이 이루어 놓은 업적을 보고 칭찬을 해도 자신은 무감동한다. 또한 성공한 자신의 위치와 사업, 풍요한 소유를 두고도 만족이 거의 없으며 더 높은 수준의 것을 원하게 된다.

'과보호형 부모'는 자녀의 요구나 충동적인 행동을 제재하지 않고 받아줌으로써 모든 것을 허용한다. 이는 자녀를 사랑하는 것처럼 느껴지지만, 사실은 자녀를 눈치 없고 분별력이 없는 아이로 자라게 한다. 이렇게 자란 아이들은 더욱더 자신의 욕구를 채우려 하고 다른 사람을 배려할 줄 모르는 사람이 되는 것이다. 곧 성인이 되었지만 아주 미숙하고 어린아이와 같은 행동을 당연하게 여기며 할 수가 있다. 타인을 배려하지 않고 불편하게 하기 때문에 인간관계가 좋지 않으며 때로는 충동적인 행동들을 위장하기도 한다. 즉 술과 담배를 과도하게 한다거나, 음식을 조절하지 못하고, 충동구매로 어려움을 겪는 등 각종 중독에 빠질 수 있다.

'강압형의 부모'는 늘 지시하며 감독하고 훈계하며 자녀를 양육한다. 이렇게 강압적으로 자녀에게 지시하고 훈계하는 방법은 사실상 자녀로부터 독립심과 자율성을 빼앗아 간다. 이러한 환경에서 성장한 자녀는 다른 사람의 명령에 잘 순응하고 복종하거나 혹은 반대로 자신에게 미치는 외적, 내적 영향력을 거부하기도 한다. 또한 지나친 강압을 거부하기 위해 자신이 해야 할 일을 망각하거나 빈둥거리고, 공상 가운데로 회피함으로써 수동적인 저항을 나타낸다. 이런 환경에서 성장한 사람은 어른이 되어서도 외부 압력에 잘 순응하거나 혹은 부모가 해왔던 것처럼 자신에게 명령과 훈계를 하여 자신을 비판하기도 한다. 곧 장성한 어른이 되었지만 부모의 명령을 거부하는 어린아이처럼 행동한다. 강요당하고 거부하는 미성숙한 주기가 그들의 삶 속에서 계속적으로 작용하게 되는 것이다.

위는 여러 가지로, 우리가 흔히 찾아 볼 수 있는 잘못된 부모 양육과 환경의 예를 들어 보았다. 우리는 부모와 환경을 비난하거나 혹은 책임전가를 위해 이 글을 읽는 것은 물론 아니다. 오늘날 나의 인격형성에 아직도 영향을 미치는 요소들을 찾기 위해 좀더 깊이 지나온 환경과 부모의 모습들을 깊이 관찰해 보고, 유추해 보는 일은 꼭 필요한 작업이리라.

진정한 변화

"그래요, 변화되어야 합니다. 삶의 변화를 진심으로 열망합니다.

그런데도 두렵습니다"라고 고백하는 사람들이 있다. 혹자는 또한 이렇게 말한다.

"나는 상처가 너무 많아서, 내가 변화될 수 있다고 말하는 것이 먼저 두렵습니다. 내 상처가 무엇인지 나는 알고 있고, 그것을 버려야 한다는 것을 알고 있지만, 그러나 그것은 불가능한 일이라고 느껴집니다."

사람들은 변화를 원하면서도 왜 두려워하는 것일까? 거기에는 여러 가지 이유가 있는데 그중 하나는, 변화는 지금 누리고 있는 안정감을 깨뜨린다는 것이다. 또한 변화는 모험이기도 하며, 그 결과에 따른 확실한 보장이 없기 때문이다. 어떤 변화는 상태를 더욱 악화시켰다가 다시 좋아지는 경우도 있기에 모험이 뒤따르는 것은 사실이다.

그러나 '변화'를 원하며 허용하는 것은 실제로 성장과 성숙을 체험하는 일이다. 변화가 두려워서 과거의 방식 그대로를 고집한다면 지금보다 훨씬 위험하고 고통스런 삶을 계속 살아야 하는 것이다. 지금보다 조금이라도 나은 삶을 원한다면 우리는 기꺼이 새로운 일들을 시도해 볼 수 있는 것이다.

 부모에게 사랑을 받지 못하면 어쩔 수 없이 상처가 남겠지만, 그 상처는 치유될 수 있으며 또한 건강한 성장이 새롭게 시작될 수 있다. 기분 좋게 받아들일 수 있는 더 좋은 방법들이 있기 때문에 애정 없는 부모 밑에서 살아남기 위해 추었던 춤을 포기해도 좋다. 그 어설픈 노래와 춤을 보다 진지한 움직임으로 바꿀 수 있는 이유는, 부모가 당신을 사랑하지 않는다고 말했던 것이 당신의 문제가 아니라 부모들의 문제였다는 것을 받아들이는 데에 있다.

다시 말해서 그것은 당신의 사랑스럽지 못함보다는 부모에게 사랑하는 능력이 없음을 보여주는 것이다. 곧 당신 부모 속에 있는 아이를 보는 것은 특별히 중요하다. 왜냐하면 당신의 부모 속에 있는 내적 아이가 너무 큰 부분을 차지할 때, 그들은 당신을 사랑할 수 없기 때문이다.

위의 예문은 생각을 바꿈으로써 얻을 수 있는 변화에 대해 쓰고 있다. 또한 자신뿐만 아니라 부모도 이해하게 되는 차원이다. 필자는 상담을 하면서 실로 많은 사람들이 '부모와의 문제' 때문에 현재 가족들과 괴로움과 갈등을 겪다가, 부모의 환경과 내면아이를 이해한 다음에서야 부모를 용서하고 현재의 삶도 변화되는 것을 보아왔다. 뿐만이 아니다. 서로 마음을 열고 대화를 하지 못했던 사람들이 서로 고백하고 나누고 공감함으로써 놀라운 변화를 경험하는 일들을 많이 보아왔다.

그렇다. 진정으로 변화를 원한다면 우리는 확신을 갖고 새로운 것들을 시도해 볼 수 있다. 사실 우리는 예수 그리스도를 내 주로 영접한 순간부터 이미 새사람이 되었다.

"그런즉 누구든지 그리스도 안에 있으면 새로운 피조물이라 이전 것은 지나갔으니 보라 새것이 되었도다"(고후 5:17).

"나는 포도나무요 너희는 가지라 그가 내 안에, 내가 그 안에 거하면 사람이 열매를 많이 맺나니 나를 떠나서는 너희가 아무것도 할 수 없음이라"(요 15:5).

이 말씀을 우리의 치유와 변화에 적용시켜 보면 참으로 놀라운 말씀이 된다. 우리는 이미 새로운 피조물이 되었으므로 상처와 아픔으로 가득 찬 짐 보따리를 더 이상 가지고 다닐 필요가 없다. 이제는 새로운 가지로서, 나무가 주는 모든 진액을 받으며 누릴 수 있는 것처럼, 우리는 주님이 주시는 공급으로 새로운 열매를 맺는 다른 삶을 살 수가 있는 것이다.

상처의 직면과 치유

어떤 미친 사람이 미켈란젤로의 조각 피에타를 난타하여 손상시켰을 때 세상은 경악을 금치 못했다. 세계 최고의 예술가들이 손상된 걸작을 수선하기 위해서 모인 것은 당연한 일이었다. 조각가들이 이탈리아에 도착했을 때 손상된 얼굴을 수리하는 작업에 곧바로 들어가지 않았다. 그보다 먼저 피에타를 여러 달 동안 쳐다보며 시간을 보냈다.

조각의 선을 손으로 만져보며, 각 부분이 고통스러움을 나타내면서도 어떻게 무아의 경지에 이를 수 있는가를 생각하며 감상했다. 몇몇 조각가들은 피에타의 한 부분 한 부분에 대하여 몇 달씩 연구하여 점점 미켈란젤로의 안목을 가지고 보게 되었다. 마침내 조각가들이 얼굴을 수리하기 시작했을 때 그들이 발휘한 솜씨는 거의 미켈란젤로의 솜씨에 가까웠다.

미켈란젤로의 작품만이 아니다. 하나님이 그의 손으로 흙을 빚어

만든 우리는 피에타를 훨씬 능가하는 걸작품이다(창 2:7). 하나님이 계속해서 우리를 새롭게 빚어 가시는 것은 놀라운 일이 아니다. 그는 상처를 입은 즉시 우리를 고치기 시작하시고, 부서진 조각을 제자리에 맞추는 작업을 이미 하고 계신다. 우리에게 치유가 필요할 때 급하게 서둘러서는 안 된다. 오히려 우리를 빚으신 조각가가 우리를 아시는 것처럼 자신을 알아가기 시작해야 한다. 자신의 영원한 가치를 깨닫기 전에는 치유가 우리에게 얼마만큼이나 필요한가를 알지 못한다.

"우리는 그가 만드신 바라 그리스도 예수 안에서 선한 일을 위하여 지으심을 받은 자니 이 일은 하나님이 전에 예비하사 우리로 그 가운데서 행하게 하려 하심이니라"(엡 2:10).

하나님께서 주신 선물에 대해 감사하기 시작할 때 더 이상 우리 눈으로 자신을 보지 않고 그의 눈을 통해서 볼 수 있게 된다. 만약 하나님께 받은 선물의 가치를 안다면 우리의 치유가 어떻게 이루어져야 하는지 알게 되며, 이로써 우리의 대 조각가가 계획하신 손길을 맛볼 수 있다.

우리는 이미 과거에 경험한 특별한 기억들이 지금도 각자에게 어느 정도 영향을 끼친다는 것을 알고 있다. 그러나 유아기부터 형성된 자신의 잘못된 이미지나 어떤 해로운 기억들은, 다른 것으로 바꾸는 확실한 단계를 밟지 않고는 없어지지 않고 그대로 남아 있는 것들이 있음을 알아야 한다. 때로는 그것을 파헤쳐서 자세히 살펴보는 것이

필요할 때가 있다.

　물론 상담자나 심리학자는 아픈 기억을 드러내는 데에 도움을 줄 수 있다. 그러나 우리 그리스도인들에게는 또 다른 도움이 있는데, 그것은 기도로 '생각이 날 수 있도록' 성령께 의탁하는 것과 또한 기도나 찬양을 통해, 주님께 '자신의 상처와 아픔을 고백하고 토로하는 일' 이다. 생각하고 싶지 않은 기억이나 두렵고 괴로움을 주는 기억이 있을지라도 주님께 고백하고 그것들로부터 자유하게 되기를 간절하게 소망해야 한다.

> "그리스도께서 우리를 자유롭게 하려고 자유를 주셨으니 그러므로 굳건하게 서서 다시는 종의 멍에를 메지 말라"(갈 5:1).

　성령 안에는 진정한 자유가 있다. 그러나 이 말씀에서처럼 '자유를 누리려면' 굳세게 주님과 함께 서서 '종의 멍에'를 버려야 한다. 곧 내가 갖고 있는 아픈 감정과 원망, 그리고 고통의 기억들마저도 주님께 내려놓아야 한다. 주님께 나를 괴롭히는 모든 생각을 가지고 나와서 그것을 솔직하게 나눔으로, 우리의 마음을 사로잡고 있는 생각과 기억들로부터 자유함을 얻을 수 있는 것이다. 고백은 한번으로 끝나지 않고 반복할수록 좋다. 또한 한 번의 고백으로는 되지 않고, 여러 번의 고백을 해야 하는 아픔의 기억들도 있다.

> "그런즉 어찌하리요 우리가 법 아래에 있지 아니하고 은혜 아래에 있으니 죄를 지으리요 그럴 수 없느니라"(롬 6:15).

"그리스도의 평강이 너희 마음을 주장하게 하라"(골 3:15).

"너희도 전에 그 가운데 살 때에는 그 가운데서 행하였으나 이제는 너희가 이 모든 것을 벗어버리라 곧 분함과 노여움과 악의와 비방과 너희 입의 부끄러운 말이라"(골 3:7-8).

위의 말씀들처럼 우리를 괴롭히는 멍에가 되는 것들, 결박이 되어 지속적으로 나를 사로잡고 어렵게 만드는 것들을 버리는 것이야말로 매우 중요한 일이다.

고통스런 기억에 대한 치유가 어려운 이유는 기억을 회피하려고 만들어 놓은 방어기제 때문이다. 그것은 망령처럼 남아 있는 고통스러운 기억에서 자신을 보호하려는 수단이다. 우리의 잠재의식은 적이 들어오지 못하도록 출입구를 차단한다. 그러나 이것은 이와 함께 다른 것도 못 들어오게 하는 결과를 초래한다. 깊은 친밀감을 느끼거나 다른 사람을 사랑하고 신뢰하지 못하게 한다. 상처를 치유하기 위해서는 스스로 만들어 놓은 방어기제를 치워버리고 아픈 기억을 직접 만나야 한다.

이러한 생각(상처)에서 벗어나기를 간절히 원하는 마음이 생기도록 기도하라. 예수 그리스도를 당신의 사고영역에 영접하라. 상상력의 세계 깊은 곳까지 성령을 보내주셔서 아직도 나쁜 영향력을 행사하는 묻혀진 생각을 뒤집어 놓아 주시도록 부탁하라. 예수 그리스도의 임재하심과 그의 능력과 위로하심 가운데 이렇게 할 수 있다. 그

리스도께 드리고자 하는 영상이나 생각이 드러나면 실제 당신의 손으로 그것을 가지고 그에게 갖다드리는 자신의 모습을 마음속으로 그려보라.

위에서 언급하고 있는 것처럼, 고통스러운 기억을 먼저 인정하고 대면하며 그리고 수용되고 공감되는 분위기에서 함께 나누는 일은 상처를 치유하는 과정에서 가장 중요한 부분이다. 또한 아무리 뼈아픈 기억이라 할지라도, 그것을 대면하고 나눌 수 있다는 것은 속박에서의 놀라운 해방인 것이다.

우리는 이 책을 통하여, 대부분의 사람들이 갖고 있는 굶주린 마음, 분노, 불안, 열등감, 우울증을 살펴보고 이해한 다음에 구체적인 그 치유 방안을 살펴볼 것이다. 내면의 상처를 들어내지 못하고 습관처럼 그냥 살아가는 현대의 많은 사람들에게, 무엇보다도 친밀함을 회복하기 위해 노력하는 모든 사람들에게 길잡이가 되었으면 한다. 우리에게 필요한 치유는 다양한 방법으로 일어날 수가 있다. 여기에 우리의 상처와 아픈 기억을 아름답게 승화시킬 수 있는 시(詩)가 있다. 묵상해 보자.

상흔(傷痕)이 없는가

에이미 카마이클(Amy Carmichael)
당신은 상흔이 없는가?
발이나 옆구리 혹은 손에 숨겨진 상흔이 없는가?

나는 당신이 이 땅에서 힘 있는 자로 찬송하는 소리를 듣노라.

나는 사람들이 당신의 밝게 떠오르는 별을

환호하는 소리를 듣노라.

당신은 상처가 없는가?

당신은 상흔이 없는가?

그러나 나는 활 쏘는 사람에 의해 상처를 받았으며

지쳐 버렸노라.

죽기 위해 나무에 기대었으며,

나를 엄습하는 굶주린 짐승들에 의해 온몸이 찢겨졌으며,

나는 기절하였노라.

당신은 상흔이 없는가?

상처도 없고 흔적도 없는가?

주인으로서 종이 되셨네.

나를 따르라 하신 그 발은 못에 찔렸네.

그러나 당신은 온전케 되었네. 그래서 멀리까지 따를 수 있네.

상처가 없고 흔적이 없는 자가 누구인가?

상처와 흔적은 삶의 조용한 구석에 감춰져 있네.

만약 그것들이 거기 없다면 우리는 의사가 필요없다네.

또한 서로를 필요로 하지 않을 것이네.

* 서로 나누기 (집단이라면 서로 토론해 보자.)

1. 당신의 어린 시절을 살펴보라. 그리고 진심으로 나를 도와준 상대를 한 사람 선택한다. 그 사람은 당신의 삶에 긍정적인 영향을 준 사람이다. 그 사람이 누구인지, 그 사람이 당신의 성장에 미친 영향을 구체적으로 기록하라.

2. 그 사람의 어떤 행동이나 말들이 당신에게 긍정적인 영향을 주었는지 생각해 보고 구체적으로 기록하라.

3. 반대로 당신에게 가장 부정적인 영향을 끼친 사람이 있는지 생각해 보자. 어린 시절, 청소년기, 청년기를 나누어 어느 시점이며 구체적으로 고통스러웠던 행동이나 언어를 기록해 보라.

4. 다시는 기억하고 싶지 않은 아픔이나 고통스런 순간들이 있었다면 그것을 마음이 가는 대로 기록하여 조용한 시간에 혼자 읽어 보거나, 나를 가장 잘 이해하고 지지해주는 사람과 나누는 시간을 가져보자. (부담이 가는 사람이라면 공개하지 않는다.)

5. 이 기록을 통해 자신이 새로 깨닫는 것이나 느낀 점이 있는가를 기록하라.

* **Notes** (주)

1장

1. Larry Crabb, *Shattered Dreams*, p. 124.
2. W. Hugh, Missildine, *Your Inner Child of the Past*, New York 1968, p. 59.
3. 데이빗 씨맨즈, 《상한 심령의 치유》, 두란노, 1986, p. 19.
4. H. Norman Wright, *Making Peace with Your Past*, Fleming H. Revell Company, p. 113.
5. *Ibid*. p. 120.
6. L. Linn and D. Linn, *Heading of memories*, Ransey N. J. Press 1974, p. 11, 12.
7. H. Norman Wright, Ibid, p. 69.

2장 정서적인 굶주림 채우기
(굶주린 마음의 치유)

/ 정서적인 굶주림이란?
/ 굶주린 마음의 원인들
/ 정서적 굶주림이 삶에 미치는 영향들
/ 굶주린 마음의 회복

2장 정서적인 굶주림 채우기

정서적인 굶주림이란?

　정서적인 굶주림이란 지속적으로 마음속에 나타나는 애정 결핍이나 공허함, 또는 고갈됨을 말한다. 이는 불현듯 찾아오거나 순간적으로 일어나는 사랑의 배고픔이 아니고, 지속적으로 찾아오는 공허나 고갈됨을 말한다.

　상담실을 찾는 많은 사람들은 이 굶주린 마음에서 오는 괴로움과 상처와 아픔을 갖고 오는 것을 필자는 볼 수 있었다. 이 굶주린 마음은 채워지지 못한 결핍감 때문에, 자신이 느끼는 공허나 고갈을 채우려고 부단히 노력하게 되고, 뿐만 아니라 잘못된 인간관계를 갖게 한다. 그리고 그 공허함으로 인한 결핍감이 채워지지 않으면 거기에서 오는 허전함, 공허함, 분노, 불안 등에 의해 오랫동안 고통을 받게 된다.

　야곱의 생애를 보면, 그가 이 정서적인 굶주림을 채우기 위하여 얼마나 피나는 노력을 했는지를 알 수가 있다.

　형보다 아버지의 사랑을 받지 못했던 야곱은 장자권이나 축복을 받으려고 갖은 노력을 다했고, 늘 경쟁과 획득, 그리고 속이기까지 하는 삶을 살아갔다. 자신의 거짓이 탄로되자, 그는 황급하게 삼촌 라반의 집으로 도주하였다. 또한 그곳에서도 라헬을 부인으로 얻기 위해 14년이라는 긴 세월을 어떻게 보냈는가? 그는 사랑하는 여자를 얻기 위해 불철주야 노력하며 투쟁했으며, 그리고 재산을 모으기 위한 집착도 대단했다. 야곱이 라헬과 요셉을 유독 사랑한 것은 일종의

굶주린 마음에서 온 집착이었다. 또한 주변 사람들과의 지나친 경쟁 관계도 정서적 굶주림에서 온 결과들이었다고 볼 수 있다.

그의 끈질긴 경쟁 심리는 대단한 것이었다. 그것은 야곱이 늘 '획득하고' '노력해야 하며' '속이기까지' 하도록 했다. 야곱의 삶의 여정에는 거짓말과 책략이 있었다. 그는 자신의 목적을 성취하기 위해서는 거짓과 속임수를 써서라도 반드시 획득하고야 마는 사람이었다.

벧엘과 얍복나루의 깊은 예배 체험으로 인해 야곱의 굶주린 마음이 채워짐을 얻기까지, 그의 삶은 경쟁과 집착과 굶주림을 채우기 위한, 악착같은 험악한 세월이었다. 그러나 얍복 강의 사건 이후, 거짓과 속임수를 사용해서라도 무엇인가를 얻으려고 노력했던 야곱의 모습은 하나님을 만남으로 깨어졌고, 그분과의 진정한 관계가 회복되어지는 이스라엘의 모습으로 변화되어 갔다. 얍복나루, 그 이전에 가졌던 야곱의 삶은 굶주린 마음을 가진 사람이 갖는 전형적인 삶의 방식을 잘 보여주고 있다. 그러나 채우고 또 채워도 더욱 집착으로 빠져드는 야곱의 모습은 얍복 강의 사건 이후에 하나님으로부터의 축복을 받는 놀라운 경험을 하게 되었고, '참 자기'를 발견하게 되는 것이었다.

이처럼 정서적인 굶주림은 무엇으론가 채워져야 하고, 채워지지 못했을 때에 오는 허전함, 답답함, 불만족, 불안, 분노 등에 의해 고통을 받게 되고 또한 관계 장애나 각종 중독 현상을 나타내기도 하며, 영적으로는 이단이나 건강하지 못한 신앙에 빠지기 쉬운, 심각하면서도 가장 보편적인 마음의 상태를 말한다.

친밀함의 회복

다음의 예는 필자가 수년 전에 2년 이상을 상담했던 상담 사례로서 굶주린 마음을 가진 사람의 방황과 어려움을 잘 보여주고 있다.

K는 굶주린 마음을 갖고 40년을 넘게 살아온 여인이었다. 가난을 이유로 그녀의 어머니는 세 번이나 결혼을 했고, 이 딸 K에게는 사랑이나 따뜻함, 격려를 준 적이 거의 없었다. 늘 무표정하거나 귀찮은 표정으로 그녀를 대하곤 했다. 한번은 12세에 의붓아버지에게 성폭력을 당할 뻔한 적이 있었는데, 이때 어머니에게 어렵게 아픔과 고통을 토로했지만 어머니는 별 반응이 없었고, '본인이 조심해야 한다'고 이웃집 아이에게 경고하듯 넘어가 버리는 정도였다.

늘 외롭고 굶주리며, 기쁨이 없는 사춘기를 보낸 후에 스무 살이 넘자 기다렸다는 듯이 결혼을 서둘렀다. 집을 빨리 떠나고 싶었고, 어디엔가 사랑을 줄 사람이 있을 것 같았다. 그래서 비교적 착실해 보이고, 고등학교를 나왔다는 다섯 살 위의 평범한 남성과 가난한 결혼 생활을 시작했다. 혼수 비용을 줄여서 자그마한 가게를 열어 생계를 이어 나가게 되었다.

K는 결혼 후에, 남편으로부터 사랑을 받기 위해 온갖 노력을 다했다. 그렇게 해야만 사랑을 받을 수 있다고 생각했다. 일상생활에서는 물론, 몸이 아프도록 열심히 일해서 가게를 키우고, 돈을 벌어 남편의 통장에 넣어 주었다. 처음에는 남편도 기뻐하는 것 같았고 또한 아이를 낳아 기르면서 가정의 소중함을 아는 것처럼 느껴졌다.

그러나 얼마 가지 못해 남편은 변해가기 시작했다. 통장에 불어가는 돈을 자랑하며 몰래 다른 곳에 투자를 하고 노골적으로 K를 피하는 행동들을 거듭하였다. 휴일에는 등산을 가는 등 될 수 있는 대로

그녀와 같이 있는 시간을 만들지 않으려고 했다.

이때부터, K에게는 심각한 방황이 시작되었다. 어린 시절에 채우지 못했던 마음의 굶주림에 현재 겪는 현실의 고통들이 가중되어 드러난 것이었다. 세 번이나 다른 남자와 결혼해서 자신을 여러 가지 곤란과 고통에 빠뜨린, 어머니에 대한 사무친 미움과 분노는 현재 자신을 사랑해 주지 않고 돈이나 다른 곳에 마음을 뺏기고 있는 남편에게 전이되어 더 큰 미움과 갈등, 분노, 원망, 우울로 드러났다. K는 집에 혼자 있을 때, 남편의 옷을 가위로 잘라 조각을 내어 쓰레기통에 버리기도 했고, 비가 오는 날은 비를 맞으며 돌아다니다가 빗물이 모여진 웅덩이에 들어가 앉아 있기도 했다. 그래서 주위의 몇몇 사람들과 남편은 K가 정신질환에 걸린 것이라고 말했다.

그러나 K는 너무 외로웠고 고통스러웠다. 생각해 보면 미칠 것 같았다. 무관심하고 냉정했던 어머니, 그리고 자신을 궁극적으로 괴롭혔던 의붓아버지들, 또한 자신에게 냉정하고 인색한 남편…… 그럴수록 K는 일과 아이들에게 집착했다. 자신을 괴롭히는 일도 서슴지 않았고, 남편을 미워하고 공격하는 일에도 도가 지나쳐 갔다.

참으로 오랜 시간의 상담과 나눔을 통해 그녀는 자신의 굶주린 마음을 알게 되었고, 또한 자신의 참모습을 보게 되었다. 그 후에 많은 슬픔과 고통을 여러 번 표현한 후에야 마음의 변화가 일어나게 되었다.

굶주린 마음의 원인들

성경은 인간이 근본적으로 배고픔 속에 살고 있음을 말하고 있다.

에덴동산의 추방 이후 사람은 육체적으로도 고통을 겪게 되었음은 물론 내면적으로도 하나님의 사랑을 받을 수 없는 '마음의 굶주림'이라는 큰 고통에 처하게 되었다. 많은 사람들이 이 내면의 배고픔을 채워 보려고 몸부림치며 노력하지만, 결국 어느 시점에 서면, 인간에게는 그 어떤 것으로도 채울 수 없는 영역이 있음을 깨닫게 된다.

> "주 여호와의 말씀이니라 보라 날이 이를지라 내가 기근을 땅에 보내리니 양식이 없어 주림이 아니며 물이 없어 갈함이 아니요 여호와의 말씀을 듣지 못한 기갈이라 사람이 이 바다에서 저 바다까지, 북쪽에서 동쪽까지 비틀거리며 여호와의 말씀을 구하려고 돌아다녀도 얻지 못하리니 그 날에 아름다운 처녀와 젊은 남자가 다 갈하여 쓰러지리라"(암 8:11-13).

부모와 어린 시절

내면의 회복과 치유에서 상처와 관련하여 우리가 살펴야 하는 것은 나를 양육했던 부모와 어린 시절이다. 특히 정서적인 굶주림은 어린 시절과 밀접한 관련이 있기 때문이다. 부모로부터 얻어야 할 사랑과 친밀감과 신뢰감을 얻지 못했을 때, 채울 수 없는 정서적 굶주림이 발생하게 된다. 특히 결손가정이나 사랑을 주지 못하는 부모에게서 양육된 사람들은 평생을 자신도 모른 채, 굶주린 마음의 고통 속에서 살게 되는 것이다.

자녀를 사랑하면서도 사랑을 주지 못하는 부모가 의외로 얼마나 많은가? 아니 부모의 잘못 표현된 사랑 때문에 아이들은 사랑에 배고파 늘 굶주리며, 방황하며, 외로움 속에 있는 것이다. 그 부모들은

지나치게 엄격하거나 학대적이며, 자기중심적이고 무관심하며 무뚝뚝하고, 일방적인 관계만을 고집하는 사람들이다. 그 사람들 역시 자신들의 부모로부터 참다운 사랑을 받아본 적이 별로 없다. 그들도 부모의 희생자들이라고 할 수 있다.

또한 부모가 자녀를 사랑한다고 하지만 일관성이 없고 지나치게 자기중심적이어서 왜곡된 사랑을 할 때, 자녀는 부모의 사랑을 느끼지 못하고 애정의 고갈을 느끼는 경우가 많다. 한 예를 들어 보자.

숙은 자신이 이해 못할 조건적인 사랑 가운데 성장했다. 아주 어린 시절부터 그는 다음과 같은 말들을 많이 들어야 했다.

"네가 만약에 ……하면 사랑을 받게 된다. 우리는 네가…… 할 때 너를 인정해 주고 사랑해 줄 것이다."

그녀의 부모는 늘 "……하면, ……한다면"의 조건부 사랑을 내걸었는데, 이는 지속적이었다. 그녀는 자신이 어떤 일을 해도 그의 부모들을 만족시킬 수 없다는 느낌을 가지면서 성장해야만 했다. 그래서 늘 외롭고 소외감을 느꼈고 부모를 만족시키지 못한 데에 죄책감이 있었다.

그녀가 필자를 찾아온 때는 20대 후반이었는데, 그때 그녀는 만성 우울증과 죄책감에 시달리고 있었다. 유독 그녀는 친구를 사귈 때에 자기 마음에 들기만 하면 집착하거나 상대방을 지치게 하는 버릇이 있었기 때문에 오랫동안 친구와 좋은 사이를 유지하기가 어려웠다. 그녀는 자신이 사랑을 얻기 위해 얼마나 분투하고 있는가를 알지 못했고, 또한 타인을 괴롭히면서까지 자기 위주의 욕구를 채우려고 하는 사실도 정작 모르고 있었다. 오랜 상담을 통해, 자신의 모습과 정

서적 굶주림을 깨닫고 난 후에 그녀는 변화하기 시작했고 다른 사람과의 관계에서도 이전과는 다른 모습을 나타냈다.

주변 사람들로 인하여

이 굶주린 마음은 주변 사람들, 배우자, 자녀, 시댁 식구, 친척, 친구 등에 의해서 관계가 원만하지 못할 경우, 더욱 심화된다. 그래서 심한 갈등과 어려움은 더욱 커지게 된다. 또한 이미 생긴 굶주림 때문에 사랑을 받아도 계속 갈구하거나 집착하게 된다. 다른 사람의 사랑을 잘 이해하지 못하고, 잠시 채워지는 것 같다가 다시 고갈되어 원점으로 돌아가게 되는 것이다. 주변 사람들과 괴롭힘을 주고받으며, 서로의 탓으로 돌리고 원망하면, 결국은 관계의 어려움과 여러 가지 고통들을 겪게 된다.

미셸 콰스트의 '생명의 기도'(Prayer of Life)는 우리가 흔히 갖고 있는 굶주린 마음, 곧 사랑으로 채우고 싶은 마음을 잘 나타내고 있다.

주여, 나는 사랑하고 싶습니다.
나는 사랑해야만 하겠습니다.
나 자신은 욕망덩어리입니다.
내 마음도 내 몸도 사랑할 이성을 밤새 찾아 헤매고 있습니다.
그러나 팔을 아무리 내저어도 사랑의 대상을 붙들 수가 없습니다.
나는 혼자이기에 둘이 있고 싶습니다.
내가 말을 해도 그 말을 들어줄 사람이 아무도 없습니다.
내 삶과 내 생활의 열매를 거둘 사람이 아무도 없습니다.
아무리 부요해도 나누어 받을 사람이 없으면 그것이 무슨 소용이

있습니까?

도대체 사랑이란 어디서 오며 또 어디로 가는 것입니까?

주여, 나는 사랑하고 싶습니다.

나는 사랑해야만 하겠습니다.

주여, 보십시오.

오늘 밤도 내 사랑 전체가 타지 못하고 그대로 소멸됩니다.

정서적 굶주림이 삶에 미치는 영향들

굶주린 마음은 채워지지 못한 사랑과 허기 그리고 외로움과 우울로 이어진다. 삶이 이것이 아닌 것 같은 느낌이 자주 든다. 때로는 시기심과 경쟁심이 있고 그로 인한 죄책감도 있다. 주로 다른 사람의 애정과 인정을 갈구하고, 요구하며, 또한 자신을 비하한다.

《닥터 지저스》의 저자 스토미 오마샨의 고백을 들어 보자. 그녀는 어린 시절, 정신 질환을 앓고 있었던 어머니로부터 받았던 학대를 고백한 후 이처럼 쓰고 있다.

 누구나 어렸을 때 사랑을 받지 못하면, 대상이나 장소나 방법을 불문하고 결사적으로 사랑을 원하는 심리를 갖게 된다. 모진 학대를 받고 자랄수록, 사랑을 원하는 심리는 강렬해진다. 인간은 누구나 사랑받지 않으면 자신의 존재가 사라질까 봐 두려워한다. 이런 두려움에 사로잡히게 되면, 인간은 심지어 부정적인 방법을 사용해서라도 자신의 존재를 확증하고 싶어한다. 음식이 몸의 성장

을, 교육이 정신의 성숙을 가져다 준 것처럼 건강한 감정을 지닌 한 인간으로 성숙하기 위해서는 사랑이 필요하다. 애정 결핍에 시달리는 사람은 항상 사랑에 목말라 한다. 부모나 형제나 친구의 사랑을 제대로 받지 못한 사람은 항상 사랑에 굶주려 있다.

항상 사랑에 굶주려 있는 그들은 '부정적인 방법을 사용해서라도 자신의 존재를 확증' 하고 싶어한다. 곧 건강한 방법이 아닌, 이상한 행동, 엉뚱하고 기이한 행동, 이해할 수 없는 행동이라도 관심을 끌기 위해서는 서슴지 않고 시행하는 것이다. 그 행동들이 다른 사람들을 괴롭히며 어렵게 한다는 것을 심각하게 생각하지 않기 때문이다.

여러 가지 중독 현상

굶주린 마음으로 생긴 낮은 자존감이나 거절감 그리고 죄책감이나 수치심은 잘못된 집착이나 심한 경우 중독이 일어날 수 있다. 이는 보다 더 심각하게 깊어진 현상으로, 흔히 말하는 일 중독, 돈 중독, 병리적인 대인 의존성, 명예 중독, 성 중독, 음주 중독, 약물 중독, 도벽 중독, 인터넷 중독, 충동적인 구매 중독 등등이다.

중독에 걸린 대부분의 사람들은 이러한 것들을 문제로 심각하게 여기지 않고 자신의 강박충동성에 대해서도 부인한다. 그래서 가족이나 주변의 관계를 망가뜨리면서도 계속하는 것이다. 깊은 수치감과 죄책감이 자신에게 있음에도 멈추지 못하고, 몸이 피곤하고 건강을 해쳐도 계속되고, 그 강도는 커지게 된다. 또한 그들을 늘 괴롭히는 4가지의 뿌리 깊은 비합리적인 핵심 신념이 자신에게 있다는 것을 모르고 있다. 대표적인 4가지는 다음과 같다.

- "아무도 나를 있는 그대로 사랑하지 않을 것이다."(수치감)
- "나는 근본적으로 나쁘고 무가치한 사람이다."(자기 증오)
- "다른 사람을 의지하지 않고는 결코 내 필요는 채워지지 않을 것이다."(의존성)
- "술, 약물, 섹스, 도박, 게임, 음식 등이 내게 가장 중요한 필요다."(오해)

이 4가지의 비합리적 신념은 모두 중독 사이클을 부추기는 역할을 하며 자신들도 모르게 늘 따라다닌다. 그러나 이 잘못된 신념들은 모두가 굶주린 마음에서 그 기초가 되었다는 것을 우리는 알 수가 있다. 그러므로 중독의 회복을 위해서는 자신의 굶주린 마음을 먼저 이해하고 또한 자신이 중독의 사이클 안에 있다는 것을 깨닫고, 부인하지 않으며, 자신의 상태를 바로 아는 것이 회복 단계에서 가장 먼저 선행되어야 할 것이다.

관계 속에 나타나는 장애들

세계적인 상담자 넬리 리치필드는 그의 저서에서 이렇게 썼다.

여전히 하루하루는 슬픔과 공허감, 절망감으로 막을 내리곤 했다. 나는 자기 부인(denial)과 비현실의 대지에서 살았다. 모든 것이 점점 악화되었고, 마침내 나는 정신병원에 수용되기에 이르렀다. 병원에 있었던 짧은 기간 동안에 나는 현실을 보기 시작했다(모든 것을 있는 그대로).

나의 심각한 '사람 의존성'이 주는 고통을 깨닫기까지 나는 얼마나

오랜 세월을 허비해야만 했는가! 나는 가족의 그림자에 가리워진 삶을 살았던 것이다. 나는 그러한 병적인 환경 속에서 첫 남편과 가족들을 위하여 그들이 원하든 원하지 않든 간에 상관없이, 내 자신이 자칭 전능자 노릇을 한 사실을 깨닫기 시작했다. 나는 가정의 모든 짐을 내 등에 짊어져야 한다고 귀에 못이 박히도록 들었고, 또 그렇게 믿었다.

그것은 내가 구원자, 돌보는 자, 자칭 전능자가 되는 것을 의미했다. 그러나 결국 나는 희생자(victim)가 되고 말았다. 나는 나중에야 구원자는 필연적으로 희생자가 된다는 진리를 배우게 되었다.

예수님을 만나고 나서부터 내 삶은 '바로 세워지기' 시작했다. 예수님은 내게 살아 있는 실제가 되어 주셨다. 그분은 나에게 새로운 정체감을 주셨고, 나는 그분의 용납과 격려를 경험하기 시작했다.

나는 나의 병적 가족 의존성, 과거와 현재의 현실, 망상과 부인, 학대와 수치심, 구출하고 돌봐 주고 자칭 전능자가 되려는 태도, 억눌려진 분노와 적개심을 하나하나 직면하면서 갈등을 해결해 나가는 법을 배우기 시작했다.

위의 예는 사람 의존성에서 오는 관계의 고통과 장애를 잘 나타내고 있다. 굶주린 마음의 소유자는 위에서 말한 것처럼 타인에게 지나치게 의존하고 갈구하는 특성을 갖고 있다. 처음에는 관계가 좋은 것 같으나 나중에는 사람을 소진시킨다. 또한 늘 인정과 사랑을 받으려 하고, 그것이 이루어지지 않으면 무리한 행동을 하여 서로의 관계를 더욱 힘들게 한다. 또한 공격적이 되기도 하고, 비난을 퍼붓기도 한다.

이들은 이기적이고 욕심이 많아 친한 사람들 사이에서도 시기와

경쟁의 관계가 되기도 한다. 때로는 위선과 교만을 드러내어 더욱 이해하기 어려운 관계를 갖게 된다. 적절한 시기에 치유되거나 회복되지 않으면, 어른이 되어도 무리하게 사랑을 갈구하고, 또한 채우려고 필사적인 노력을 하기 때문에 그로 인한 관계의 어려움은 계속 이어질 수밖에 없다.

신앙생활

굶주린 마음의 소유자들은 신앙생활 속에서도 남들에게 보이기 위해 영적인 우월감과 교만을 드러낸다. 그들은 신앙과 깊은 말씀을 추구하기보다는 사람을 더 의지하는 신앙생활의 패턴을 갖는다. 또한 기적이나 현상을 지나치게 추구하는 신앙에 매력을 느끼고 그곳에 심취할 수가 있다. 이러한 이유 때문에 한편으로는 이단이나 건강하지 못한 신앙에 빠지기가 쉬운 것이다. 비록 이단일지라도 이들을 인정하고 수용하여 세워주면, 이단의 목적과 근본 의도와는 상관없이 그 그룹에 빠져 충성하고 소속감을 가지고 열심히 봉사한다. 그리고 오랫동안 신앙생활을 한 것 같아도 진보가 어렵고, 그룹 내의 문제가 발생하면, 그곳에 연루되기가 쉽다.

B는 매우 굴곡이 심한 신앙생활을 하고 있었다. 그는 아주 열심히 노력하였고 성실하게 교회도 출석하였지만 믿음을 가지는 것이나 하나님을 의지하는 것이 그에게는 매우 어려웠다. 심지어는 자신이 교회에 나가고 봉사를 하면서도 다른 사람을 미워하고 증오하고 있다는 죄책감이 커서 교회를 떠나고 싶은 적도 여러 번 있었다. 그러나 막상 교회를 떠나면 더 외롭고 괴로울 것 같아 주어진 임무를 위해서

는 시간을 아끼지 않으려고 노력했다. 그런데도 교회 안에 있는 상담실을 방문하여 자신이 겪고 있는 고충을 털어놓기도 쉽지가 않았다. 사람들 앞에서 드러낸 자신의 우월성과 교만 때문에 사람들이 자신을 비웃고 멸시할 것이라고 느꼈기 때문이었다.

그런데 우연한 기회로 필자를 만나, 어린 시절에 있었던 그의 가정환경과 일어났던 일상을 털어놓게 되었다. 그는 알코올 중독의 아버지와 무기력한 어머니 사이에서 어린 시절과 사춘기 시절을 아주 힘들게 보낸 사람이었다. 가정의 분위기는 늘 예측할 수 없는 상태였다. 아버지의 심한 주사가 시작되면 온 가족은 공포에 떨어야 했고 더 심한 경우는 옆 집으로 피신을 가야 하는 때도 있었다. 또한 무기력한 어머니는 남편에게 당한 학대와 괴로움을 참고 있다가, 결국은 자녀들에게 투사하곤 했다. 그리고는 자녀들에게 용서를 빌고 울었다.

이런 패턴으로 어린 시절을 보냈던 그에게, 하나님을 의지하고 보이지 않는 믿음을 갖는 것이 필요하고 좋은 것이라고 알고 있었지만, 그것들을 실행하기란 매우 어려운 일이었다. 자신이 늘 느끼는 외로움과 공허감 때문에 사람들에게 다가가고 또 열심히 주어진 일들을 해 보았지만, 결과나 그 열매는 적었다. 인간 관계에서도 즐거움보다는 미워하거나 질시의 대상이 늘 있었고, 깊은 신앙보다는 죄책감과 위선에 고민하는 자신이 싫었다. 결국 그는 마음속 깊이 남아 있던 그의 상처들이 먼저 치료되어야 할 필요성을 알게 되었다. 그리고 그 상처들이 어느 정도 치유된 후에야 비로소 선하시고 인자하신 하나님의 실체를 알고, 사랑을 경험하며, 믿게 되었다.

굶주린 마음의 회복

당신의 눈물을 닦아 내지 마세요

조디 센키리

당신의 눈물을 닦아 내지 마세요.
볼을 타고 내리도록 내버려 두세요.
얼굴에 자국을 남기도록 내버려 두세요.
치유의 눈물이 흐르도록 말이죠.

눈물이 당신의 피부를 씻어내게 내버려 두세요.
그리고 비단으로 얼굴을 닦으세요.
눈물이 가볍게 당신을 쓰다듬도록
당신의 마음이 내보이도록 내버려 두세요.
눈물이 땅에 떨어지도록 내버려 두세요.
그러면 그곳에서 나무가 자랄 거예요.

당신의 눈물이 심연에서 흘러나오도록 내버려 두세요.
그러면 그 눈물이 영혼의 씨앗을 뿌릴 겁니다.
조심스러워하지 마세요.
억제하지도 마세요.
예의 바르지도, 공손하지도 마세요.
당신의 눈물을 닦아내지 마세요.
입술 위 눈물의 맛을 보세요.
그러면 당신이 오늘 자신에게 은혜를 베풀었다는 것을 알게 될 거예요.

자신이 정서적인 굶주림의 소유자임을 인정하고 이를 드러내야 한다.

위의 시에서 보여주듯이, 많이 울어야 한다. 억울했고, 굶주렸으며, 외로웠던 그 순간들을 붙들고, 직면하고, 마음껏 슬퍼하는 시간이 필요하다. 그런 다음 자신을 이해하고 파악하는 것은 치유와 회복에서 가장 중요한 첫 단계이기에 자신이 발견한 그 사실들을 부인하거나 왜곡하지 말고 받아들이는 작업의 시간을 가져야 한다. 곧 어린 시절의 부모와 환경을 돌아보고, 또한 자신이 그렇게 성장할 수밖에 없었던 상황들을 왜곡하지 않고, 바로 보며 이해하는 것은 참으로 중요한 일이다. 회복이 어려운 사람들, 상처가 많은 사람들은 이 첫 단계에서, 자신들의 어려웠던 상황이나 환경을 바로 보지 못하고 부인과 왜곡 속에 머물러 있기가 쉽다.

여기에 부르스 리치필드가 쓴 글을 통해 자기의 참 상태를 발견하는 것이 얼마나 중요한가를 생각해 보자.

> 결혼생활 29년째, 52세라는 나이에 두 가지 태풍과도 같은 위기가 내게 닥쳐왔다. 그것은 나의 치과 의료업의 파산과 이혼이었다. 그러나 하나님께서는 그분의 한없는 자비로 나를 영적으로 새롭게 되는 자리로 인도하셨다. 그때, 나의 태도와 목표, 삶의 방식에 있어서 치유와 개혁이 일어났다.
>
> 나는 나의 '사람의 존성'에 대해 깨닫지 못했었다. 그러나 부인(denial)의 껍질이 벗겨짐에 따라 내가 다중적인 중독으로 고통을 겪어 왔다는 사실을 깨닫게 되었다.
>
> 이와 함께 나는 내가 진정 누구인지, 나의 참된 정체성에 대해 더 깊이 이해하게 되었다. 나는 나 자신에 대해 훨씬 더 편하게 느끼기

시작했고, 나를 있는 그대로 받아들이게 되었으며, 나의 감정을 있는 그대로 느낄 수 있게 되었다. 나는 분노를 더 효과적으로 다루게 되었고, 적절히 나 자신을 표현할 수 있게 되었다. 다른 사람들을 변화시키려고 노력하는 대신에 그들을 존중하는 법을 배우게 되었다. 나는 하나님과의 관계에서 안정감을 갖게 되었고, 그분의 격려하시는 음성을 들을 수 있게 되었다.

그렇다. 나를 알고, 나의 상태를 인정하며, 그리고 드러내는 것은, 치유와 회복에 있어서 참으로 중요하다. 위의 인용된 글에서 알 수 있는 것처럼 "그러나 부인(denial)의 껍질이 벗겨짐에 따라 내가 다중적인 중독으로 고통을 겪어 왔다는 사실을 깨닫게 된 순간들은 나를 변화시키는 전환의 포인트를 만들어 준다. 먼저 자신의 '부인' '감춤' '방어'를 알고, 벗어 버려야 한다. 자신이 부인이나 방어를 해왔다는 것도 인정하지 못하면서 어떻게 그것들을 벗어 버릴 수가 있을 것인가?

더 큰 사랑으로 채울 수 있다.
굶주린 마음은 더 큰 사랑, 더 신뢰할 수 있는 아가페적인 사랑으로만 회복될 수 있기에, 그 사랑을 갈망하고 채워야 한다. 우리는, 인간의 사랑에는 한계가 있고, 늘 굶주려 있는 마음을 흡족하게 채워줄 수 있는 상호관계가 어렵다는 것을 잘 알면서도, 그것을 기대하고 또 실망하는 일들을 되풀이한다. 수많은 사람들이 흡족하지 못할 사랑을 상대방에게 구하며 또 실망하고 좌절하면서도 또다시 기대한다. 특히 굶주린 마음의 소유자들은 그러한 행동들을 더 많이 반복 한다.

"여호와의 인자하심과 인생에게 행하신 기적으로 말미암아 그를 찬송할지로다 그가 사모하는 영혼에게 만족을 주시며 주린 영혼에게 좋은 것으로 채워주심이로다"(시 107:8-9).

"명절 끝날 곧 큰 날에 예수께서 서서 외쳐 이르시되 누구든지 목마르거든 내게로 와서 마시라 나를 믿는 자는 성경에 이름과 같이 그 배에서 생수의 강이 흘러나오리라 하시니"(요 7:37-38).

하나님의 형상으로 지어진 우리 인간의 내면 깊숙한 곳에는 하나님의 사랑을 주고 받으며, 서로 교제하여 '하나님의 형상'을 회복하고자 하는 깊은 갈망이 누구에게나 있다. 그러나 많은 사람들은 이 깊은 갈망의 의미가 무엇인지 모르고, 아무데서나 그 갈망을 채우려고 몸부림치다가 지쳐 버리는 것이다.

그 누구도 끊을 수 없는 주님의 그 사랑을 깨닫고(롬 8:34-39), 감동하며, 영원한 기쁨과 즐거움을 추구할 때, 정서적인 굶주림은 채워질 수 있고, 충만한 존재감으로 우리는 다시 살아날 수 있다. 이것은 사람들이나 감정, 상황에 의존하는 기쁨이 아니고 하나님과의 관계에서 비롯된 것이다. 곧 영혼의 깊은 곳에서 흘러나오는 기쁨이며, 만족감인 것이다.

"내가 확신하노니 사망이나 생명이나 천사들이나 권세자들이나 현재 일이나 장래 일이나 능력이나 높음이나 깊음이나 다른 어떤 피조물이라도 우리를 우리 주 그리스도 예수 안에 있는 하나님의 사랑에서 끊을 수 없으리라"(롬 8:38-39).

"주께서 생명의 길을 내게 보이시리니 주의 앞에는 충만한 기쁨이 있고 주의 오른쪽에는 영원한 즐거움이 있나이다"(시 16:11).

하나님 안에서 이러한 기쁨과 채움을 많이 경험하면 할수록, 우리들은 채울 수 없는 곳이나 채워지지 않는 사람, 상황으로부터 자유로워질 수 있고, 굶주리고 공허한 마음은 회복이 되는 것을 알 수가 있다. 이는 주님 안에서 우리의 참모습을 찾는 일이고 동시에 결박과 포로 된 마음으로부터의 해방을 얻는 것이다!

지독한 상처와 아픔 속에서도 승리한 스토미 오마샨의 고백을 들어 보자.

🌱 나는 창고 안에 갇혀 지낼 때가 많았으며, 엄마로부터 온갖 학대를 받았다. 때로 사람들은 엄마의 행동이 이상하다고 느꼈다. 하지만 엄마가 정신질환자라는 사실은 눈치 채지 못했다. 그 사실은 내가 십대 후반이 되어서야 비로소 세상에 알려졌다.

나는 정상에서 벗어난 엄마의 행동과 태도를 접하며 성장한 탓에 다 자란 후에도 심한 감정의 고통과 절망과 무력감에 시달려야 했다. 늘 창고 안에 갇힌 듯한, 무섭고 답답하고 외로운 심정이었다. 나를 속박했던 감정은 때로 나 자신을 죽이고 싶을 정도로 심했다. 나는 순간순간 온몸이 마비될 정도로 두려움에 시달려야 했다.

그래서 나는 동양종교, 점술행위, 심리치료, 불건전한 이성교제, 결혼 등을 고통의 탈출구로 삼았다. 하지만 그런 일들은 내게 궁극적인 해방은 가져다주지 못했다.

절망은 더욱 깊어만 갔다.

나는 잠시라도 감정의 고통에서 벗어나려고 몸이 망가지는 것을 개의치 않고 술과 약물에 의존했다. 고통에서 벗어날 수만 있다면 나를 죽여도 좋다고 생각했다. 사실 자살을 시도한 적도 몇 번 있었다…….

예수님을 영접하고 난 뒤, 나는 모든 사람을 사랑하시는 하나님을 발견했다. 그리고 상당한 시간이 걸렸지만, 하나님의 깊은 사랑을 알게 되었다. 하나님의 사랑은 인간의 사랑과는 다르다. 인간은 서로의 관심과 사랑을 끌기 위해 노력하다가 상대방이 자신이 원하는 방식으로 사랑해 주지 않으면 곧 실망에 빠진다. 한마디로 인간의 사랑은 상호 긴장의 관계에 놓여 있다. 이와 달리 하나님의 사랑은 우리를 결코 속박하지 않는다. 하나님의 사랑은 오히려 우리를 자유롭게 하며, 우리의 진정한 자아를 찾게 해준다.

하나님의 사랑을 받아들이면 다른 사람들, 심지어 특별한 관계가 없는 사람들조차 사랑할 수 있는 능력이 생긴다. 다른 사람들을 사랑할 때 하나님의 사랑이 우리 안에서 완전해진다. 사랑을 베풀수록 또한 사랑을 받게 된다. 이런 역사가 일어나면 감정의 상처가 치유된다. 하나님의 사랑은 언제나 우리의 기대와 상상을 초월한다. 놀라운 사랑을 체험할 때마다 우리는 그분 앞에서 감사의 눈물을 흘리지 않을 수 없다.

위에서 보았듯이, 오마샨의 고백은 참으로 감동적이고 놀랍다. 그렇게 처절하고 극심했던 아픔에서 어떻게 자신이 회복되었는가를 구체적으로 경험적으로 쓰고 있기 때문이다. 그렇다. 조건 없는 풍성한 사랑을 끊임없이 주시면서도 속박하지 않고, 오히려 자유롭게 하며,

진정한 자아를 찾게 하는 그 사랑을 알고, 경험하고 누릴 때, 굶주린 마음은 확실하게 채워지고, 치유는 자연스럽게 일어나는 것이다.

진정한 나의 모습, 나의 정체감을 지속적으로 찾는다.

오늘날은 참으로 많은 사람들이 정체성의 혼란과 위기에 처해 있다고 해도 과언이 아니다. 자신이 누구이며, 그리고 진정 무엇을 원하는지, 무엇을 필요로 하는지를 아는 것은 참으로 중요하다. 굶주린 마음의 소유자에게는 더욱 그렇다. 오랫동안 거짓자아가 참자아를 대신하여 살아왔을 뿐 아니라 자신의 정체성을 다른 사람들에게서, 일 속에서, 그 밖에 다른 것에서 찾고 있었기 때문이다.

그리고 얻어지는 것은 외로움, 공허와 혼란, 좌절과 불안, 분노였다. 자신이 그 동안 잘못 살아왔던 거짓자아를 버리고 참자신, 참자아로 산다는 것은 우리의 존재가 바뀌는 것처럼 경이롭고 또한 중요한 일이다.

잠깐 하던 일을 멈추고 자신을 잘 돌아보아야 한다. 왜 내가 이렇게 다른 사람의 사랑과 인정을 원하는지를, 왜 내가 이렇게 오랫동안 마음을 잡지 못하고 방황하며, 중독 상태로 살고 있는지를 깊이 생각해 보아야 한다. 진정한 나의 모습은 무엇이며, 무엇으로 채워야 하고, 어떻게 해야 나의 이 굶주린 마음을 채울 수 있는지를 잘 살펴야 한다.

나의 진정한 정체성을 아는 것은 회복과 치유 과정에 있어서 매우 중요한 부분이다. 내가 누구인지 마음 속 깊이 알게 될 때에 안정감을 누릴 수 있게 된다. 너무나 많은 사람들이 다른 사람들의 거울에 비친 자아상을 통해 자신이 누구인지 찾으려고 한다······.

대부분의 사람들은 자신의 실제 모습과는 다른, 굉장한 사람이 되려고 노력한다. 그러한 노력은 엄청난 자괴감을 가져올 뿐이다. 많은 사람들은 자신을 적대시하여 스스로 자신의 가장 나쁜 적이 되기도 한다. 심지어 어떤 사람들은 자신을 증오하기까지 한다. 그들은 거울을 볼 때마다 마음속에 수많은 부정적인 생각이 떠오르는 사람들이다.

주님의 사랑과 구속의 십자가는 우리가 우리의 참된 정체성을 찾을 수 있는 유일한 장소이다. 우리 모든 사람을 사랑하셔서 대신 지신 십자가의 은혜 때문에 우리는 새로운 존재가 되었다. 성경은 우리가 얼마나 가치 있는 존재인지를 강조해서 말하고 있다. 곧 우리 자신이 하나님 안에서 얼마나 소중하고 귀한 존재인가를 바로 아는 것이야말로 거짓되고 상실된 우리의 정체성 문제를 해결하는 열쇠가 되는 것이다.

"너는 두려워하지 말라 내가 너를 구속하였고 내가 너를 지명하여 불렀나니 너는 내 것이라 네가 물 가운데로 지날 때에 내가 너와 함께 할 것이라 강을 건널 때에 물이 너를 침몰하지 못할 것이며 네가 불 가운데로 지날 때에 타지도 아니할 것이요 불꽃이 너를 사르지도 못하리니 대저 나는 여호와 네 하나님이요 이스라엘의 거룩한 이요 네 구원자임이라 내가 애굽을 너의 속량물로, 구스와 스바를 너를 대신하여 주었노라 네가 내 눈에 보배롭고 존귀하며 내가 너를 사랑하였은즉 내가 네 대신 사람들을 내어 주며 백성들이 네 생명을 대신하리니"(사 43:1-4).

"너희가 다 믿음으로 말미암아 그리스도 예수 안에서 하나님의 아들이 되었으니"(갈 3:26).

위의 말씀은 우리가 얼마나 가치 있는 존재인가의 가치감 그리고 소속감, 자존감까지를 한 단락 속에서 말하고 있다. 우리의 전 인격적인 존재가 하나님의 섭리와 그 사랑을 깨닫게 되면, 다른 곳에서 자신의 정체성이나 소속감을 찾고자 하는 노력에서 벗어날 수 있게 된다. 성경은 우리가 얼마나 가치 있고 존귀한 존재인지, 주님 안에서 우리가 누구인가를 거듭거듭 확실하게 말하고 있다. 우리는 언제나 말씀 안에서 변화될 수 있고 변화되어야 한다.

성경이 말해 주는 우리의 확실한 정체성(신분)은 다음과 같이 요약될 수 있다.

1. 성경은 우리가 하나님의 형상으로 창조되었다는 것을 확실하게 언급하고 있다(창 1:26-27). 하나님의 형상이란 우리가 영성을 가지고 있으며, 하나님과 교제할 수 있는 영적 존재임을 말한다.
2. 성경은 우리가 주님의 보혈로 구속함을 받은, 하나님이 보시기에 고귀하며 말할 수 없는 가치를 가진 존재라고 말하고 있다(벧전 1:18). 주님께서 고귀한 보혈을 우리를 위해 흘려주셨다는 사실은 우리가 얼마나 귀한 존재인가를 입증하고 있다.
3. 성경은 우리가 하나님의 무조건적인 사랑을 받고 있으며(롬 5:8) 그리스도를 믿음으로 말미암아 거룩한 성도가 되었다고 말한다. 이는 우리가 하나님 앞에서 의롭고 거룩한 자로 인정받았음을 의미한다(롬 5:1; 히 10:10).

4. 성경은 우리가 하나님 나라의 공주 / 왕자이며, 하나님의 자녀임을 말하고 있다(요 1:12). 우리는 하나님의 가족에 속해 있으며, 하나님의 권속의 일원이다(엡 2:19).

5. 성경은 우리가 하나님의 아들이며, 그분의 가족으로 영원히 입양되었다고 말하고 있다. '우리는 다 믿음으로 말미암아 그리스도 예수 안에서 하나님의 아들이 되었다' (갈 3:26). 이 말씀에서 언급되었듯이, 우리를 그분의 아들로 삼아 주신 것은 하나님이 주신 가장 큰 선물 중 하나이다. 아들 됨은 우리의 수치와 낮은 자존감의 해결이며, 동시에 우리에게 주시는 존엄성과 영광, 새로운 형상, 진정한 자유를 누릴 수 있는 권리인 것이다.

내가 나 자신을 위로하는 부모 역할을 한다

이제는 나도 성인이 되었다. 내가 성인이 되었다는 의미는 내 스스로가 나를 위로하고 격려하며 그리고 힘을 줄 수 있다는 의미이다. 또한 이것은 나 자신이 스스로를 비난하고 괴롭히는 일과는 반대가 되는 개념이다. 정상적인 어른이라면, 자신을 괴롭히는 비합리적인 생각이 다소 내 안에 있다 할지라도 합리적인 생각으로 바꿀 수 있고, 또한 잘못된 사고를 몰아낼 수도 있다.

그렇지만 굶주린 마음의 소유자들에게는 이렇게 하는 것이 어렵고, 때로는 불가능한 일이기도 하다. 그러나 좀더 자신을 성찰하고, 자신 안에 있는 자원을 활용한다면, 이는 충분히 가능해질 수 있다. 곧 우리 안에 계시는 성령으로 인하여, 또는 생각나는 말씀으로 인하여, 우리는 자신을 위로하고 격려할 수가 있다. 그렇다. 우리가 내 안에 역사하시는 하나님의 말씀의 위로를 받아들여 나를 위로하는 것,

이것은 치유이며, 중요한 변화의 전환점이다. 그러나 위로와 지지의 말씀을 알고 있으면서도, 나를 비난하고 실의에 빠지는 것은 중요한 나의 선택이다.

다음은 강준민 목사의 저서에서 인용한 글이다.

🌿 하나님의 말씀은 능력의 말씀입니다. 말씀은 우리를 위로하고 치료합니다. 말씀은 연약한 나그네를 강하게 합니다. 쓰러지려고 할 때 붙잡아 줍니다. 우리를 든든히 붙잡아 주는 것이 말씀입니다. 인간은 말씀을 먹고 사는 존재입니다. 결코 떡으로만 살 수 없는 존재입니다. 하나님의 말씀을 먹고 사는 영적 존재입니다. 영적 존재는 하나님의 말씀을 먹을 때 힘을 얻습니다.

"예수께서 대답하여 이르시되 기록되었으되 사람이 떡으로만 살 것이 아니요 하나님의 입으로부터 나오는 모든 말씀으로 살 것이라 하였느니라 하시니"(마 4:4).

우리는 누구나 의식하든 의식하지 못하든, 어떤 말을 붙잡고 삽니다. 어떤 말에 붙잡혀 삽니다. 그 말을 반복해서 생각하고, 그 말을 따라 말하고, 그 말을 따라 행동합니다. 어떤 말에 붙잡혀 살고 있는지 살펴보십시오. 그 말을 바꿀 때 당신의 미래가 바뀝니다. 언어는 인간 존재의 집입니다. 우리는 언어라는 집을 짓고, 그 집 속에 들어가 삽니다. 그래서 우리의 언어가 중요합니다. 우리의 언어를 형성하는 하나님의 말씀이 중요합니다. 하나님 말씀 가운데 어떤 말씀을 붙잡고 사느냐가 중요합니다.

위에 인용된 것처럼, 내 안의 어떤 말을 붙잡을 때, 곧 위로와 격려의 말, 나를 성장시킬 수 있는 힘이 있는 말을 확실하게 붙잡는 것은, 회복에 있어서 참으로 중요한 일이 아닐 수 없다. 그런데 우리 안에는 무심코 내가 나에게 던지는 말들이 많이 있다.

"너는 안 돼! 아직도 너는 멀었어! 나는 재수 없는 사람이다. 그러니까 잘되는 것이 없지. 그런 일이 나에게 일어나다니, 이는 끔찍한 일이다. 이번에는 정말 죽고 싶다. 이번 상황은 어쩔 수가 없어, 모든 것이 절망적으로 되어 가고 있어" 등등. 나를 비난하고 괴롭히는 말들이 내 안에 아직도 많이 있는지 자세히 살펴보아야 한다.

많은 경우, 우리는 자신도 모르게 나를 비하하고 천시하는 경향들이 있다. 그리고 희망이 없다는 생각에 속아 넘어가기도 한다. 의식적이든, 무의식적이든 이런 말들은 우리의 영혼을 더욱 괴롭히고 굶주리게 한다.

그러나 이때에도 굶주려 있는 내 안의 내면아이를 붙들어 주고 세워주는 부모 역할을 하는 데에 하나님이 주신 말씀 안에서 할 수 있다면, 이는 훨씬 더 효과적이다. 곧 나를 비하시키며 괴롭히는 말 대신 힘을 주고 위로를 주시는 하나님의 말씀을 내가 선택하는 것이다. 우리에게는 나를 괴롭히는 부정적인 말이든, 또는 나를 위로하고 세울 수 있는 긍정적인 말이든 내가 선택할 수 있음을 기억해야 한다.

다윗도 정서적인 굶주림을 가진 사람이었다. 많은 형제의 막내로 태어나, 부모의 무관심 속에 있었고, 그는 그의 형제들 사이에서 중요하지 않는 존재였다. 또한 시편에 나타나 있는 다윗의 처절한 고백들의 많은 부분은 그의 굶주림에서 오는 상처와 아픔을 하나님께 토로하는 것들이었다. 그는 깊은 낙심과 절망으로 이렇게 호소하고 있다.

"내 심령이 속에서 상하며 내 마음이 내 속에서 참담하니이다" (시 143:4).

"내가 탄식함으로 피곤하여 밤마다 눈물로 내 침상을 띄우며 내 요를 적시나이다 내 눈이 근심으로 말미암아 쇠하며 내 모든 대적으로 말미암아 어두워졌나이다"(시 6:6-7).

"원수가 내 영혼을 핍박하며 내 생명을 땅에 엎어서 나로 죽은 지 오랜 자같이 나를 암흑 속에 두었나이다"(시 143:3).

그가 여러 부인들을 소유한 것도 그리고 자녀들에게 가졌던 유별난 집착도, 내면의 굶주린 마음 때문이었음을 우리는 알 수 있다.

그러나 다윗은 그 굶주림과 아픔을 늘 하나님의 사랑으로 채우고 또 채웠다. 늘 아프고 참담한 심령을 가지고, 하나님께 나아가 이를 드러내며 고백했다. 그의 대표적인 시 중의 하나인 이 시편은 그의 아픔과 상처와 굶주림의 마음을 토로하다가 결국은 하나님을 찬양하는 것으로 노래를 마치고 있다.

내 영혼아 네가 어찌하여 낙심하며
어찌하여 내 속에서 불안해 하는가
너는 하나님께 소망을 두라
그가 나타나 도우심으로 말미암아 내가 여전히 찬송하리로다
내 하나님이여 내 영혼이 내 속에서 낙심이 되므로
내가 요단 땅과 헤르몬과 미살 산에서 주를 기억하나이다

친밀함의 회복

주의 폭포 소리에 깊은 바다가 서로 부르며
주의 모든 파도와 물결이 나를 휩쓸었나이다
낮에는 여호와께서 그의 인자하심을 베푸시고
밤에는 그의 찬송이 내게 있어 생명의 하나님께 기도하리로다
내 반석이신 하나님께 말하기를
어찌하여 나를 잊으셨나이까
내가 어찌하여 원수의 압제로 말미암아
슬프게 다니나이까 하리 로다
내 뼈를 찌르는 칼같이
내 대적이 나를 비방하여 늘 내게 말하기를
네 하나님이 어디 있느냐 하도다
내 영혼아 네가 어찌하여 낙심하며
어찌하여 내 속에서 불안해 하는가
너는 하나님께 소망을 두라
나는 그가 나타나 도우심으로 말미암아
내 하나님을 여전히 찬송하리로다 (시 42:5-11)

위 구절에서 보여준 것처럼, 다윗은 자신의 고통과 아픔을 고백하고 토설한 다음에 반드시 하나님을 바라며 찬양한다. 누군가에게 토설하고 고백하는 것은 치유의 시작이다. 그 대상은 나를 이해하며, 수용해 줄 수 있는 사랑의 소유자일수록 더욱 좋다.

다윗은 참으로 처절하고 극심한 고통을 드러내고, 고백하면서도 좌절이나 실망으로 끝나지 않는다. "너는 하나님께 소망을 두라 나는 그가 나타나 도우심으로 말미암아 내 하나님을 여전히 찬송하리로다"

라는 말 속에는 하나님께 소망을 두는 의지가 들어 있고 '오히려 하나님을 찬양함'으로 회복되고, 오직 그분으로 채우고 싶은 열망과 강력한 위로의 경험이 들어 있다.

"나는 이 극심한 고통 속에서도 오히려 주님을 찬양합니다"라고 고백하는 강력한 열망과 위로들이 곧 치유로 연결되는 것이다. 다윗이 시편을 통해 보여주는 '상한 마음의 고백'과 '하나님을 의뢰하고 찬양'하는 것은 탁월한 그의 영성을 드러내며, 하나님의 마음에 합한 자로서 그의 깊은 믿음을 보여 주고 있다.

또한 시편 18편에서는 생동감이 넘치는 표현으로 고통 속에 있는 자신의 감정을 표현하고 있다. 이곳에서도 다윗은 온통 하나님을 부르며, 생각하며, 의뢰하며, 기도하며, 찬양하며, 부르짖고 있다(유진 피터슨의 번역으로 적어 본다).

"하나님은 나의 반석" *(시편 18편 2-7절)*

주님은
나의 반석, 나의 요새, 나를 건지시는 분,
나의 하나님은
나의 반석, 내가 피할 바위.
나의 방패, 나의 구원의 뿔,
나의 산성, 나의 피난처,
나의 구원자이십니다.
주께서는 언제나 나를
포악한 자에게서 구해주십니다.

나의 찬양을 받으실 주님,
내가 주님께 부르짖었더니,
주님께서 나를
원수들에게서 건져 주셨습니다.
죽음의 물결이 나를 에워싸고,
파멸의 파도가 나를 덮쳤으며,
스올의 줄이 나를 동여 묶고,
죽음의 덫이 나를 낚았습니다.
내가 고통 가운데서 주께 부르짖고,
나의 하나님을 바라보면서 부르짖었더니.
주께서 그의 성전에서
나의 간구를 들으셨습니다.
주께 부르짖은 나의 부르짖음이
주의 귀에 다다랐습니다.

건강한 자존감을 주 안에서 회복한다.

건강한 자존감을 회복하기 위해서는 말씀 안에서 얻을 수 있는 인정과 지지를 늘 생각해야 한다. 이것은 점진적으로 지속적으로 실천되어야만 한다.

굶주린 마음의 소유자들은 늘 낮은 자존감에서 오는 문제들을 안고 살아가기 때문에 자신도 모르는 불만족감, 시기와 질투, 자기비하와 열등감, 불신과 의심을 갖고 있다. 그렇기 때문에 원만한 관계가 어렵고 불안하여, 안정되고 건강한 삶을 누리기가 어렵다.

성경적인 바른 자존감이란 내가 나를 바라볼 때 주님께서 나를 귀

하게 보시듯, 나도 나를 귀하고 소중하게 여기는 것이다. 곧 내 마음 속에 있는 나에 대한 이미지가 좋고, 만족스러운 것이다. 이는 의식적으로, 의도적으로 만들어서 일어나는 일이 아니고, 나도 모르는 사이에 무의식적으로 내면에서 일어나는 것이기에 더욱 중요하다.

내가 나를 만족스럽게 느끼며, 감사하게 되면 우리 내면에서는 에너지가 흐르고 기쁨과 즐거움이 넘치게 된다. 그러나 굶주린 마음의 소유자들은 그렇지 못하기 때문에 먼저 자신의 자존감을 바로 세우며 수정해야 할 필요가 있다. 나를 비난하고, 나 자신에게 만족하지 못했던 시각을 버리고 잠시라도 주님의 눈으로 자기 자신을 바라볼 수 있다면, 우리는 자신이 얼마나 귀하고 소중한 존재인지를 알 수가 있다. 주님 안에서 내가 얼마나 귀하고 소중한 존재인지를 바로 알고 느끼고, 경험하는 것은 우리의 자존감을 세우는 가장 기본적이고 중요한 기초석이다.

세계적인 훌륭한 상담자이며 치료사였던 버지니어 사티어는 '사람들 안에서 그리고 사람들 사이에서 가장 중요한 것은 자존감'(Inside the people, between the people, the most crucial factor is selfesteem)이라고 했다.

우리의 성격 형성에도 많은 영향을 주는 이 자존감은 우리의 행동과 태도를 좌우하며 특히 다른 사람과의 관계에 많은 영향을 준다. 곧 우리의 성격이 형성되는 기조에서 우리 자신을 어떻게 바라보며 어떻게 느끼느냐에 따라서 우리가 어떤 사람이라는 것이 결정되기 때문이다. 성경의 이 말씀은 사람의 마음과 생각에 관해 적절하게 표현되어 있다.

"대저 그 마음의 생각이 어떠하면 그 위인도 그러한즉"(잠 23:7).

또한 씨맨즈 목사도 그의 유명한 저서 《상한 감정의 치유》에서 이렇게 쓰고 있다.

> 낮은 자존감이 그 인격 속에 형성되어진 사람에게는 하나님이 자신을 사랑하신다는 사실이나, 자신을 받아주신다는 것 그리고 하나님 나라와 그의 사역을 위해 자신이 쓸모 있는 사람이라는 것을 이해하기가 매우 어렵다. 영적 갈등으로 보이는 많은 문제들이 그 원인을 살펴보았을 때 전혀 영적인 문제가 아닌 것들이 있다. 곧 그들이 경험하는 죄의식을 마치 하나님께로부터 온 정죄처럼 생각하기 쉬우나 사실은 자신의 낮은 자존감이 원인이 되어 스스로를 정죄하고 상하게 하는 자신의 느낌과 생각으로부터 오는 것이다.

그렇다. 우리의 마음과 생각에 들어 있는 나에 대한 인식과 느낌은 우리가 삶을 살아가는 데에 참으로 중요한 역할을 한다. 우리가 일상에서 누릴 수 있는 행복과 감사뿐만 아니라 인간관계에도 중요한 영향을 미치는 것이 사실이기 때문이다. 그래서 씨맨즈 목사는 심지어 낮은 자존감을 갖고 사는 것은 '사탄의 운동장에서 노는 일'과 같다고 같은 책에서 쓰고 있다. 미국의 훌륭한 전문 상담가인 머리스 와그너 박사는 그의 저서 《가치 있는 사람이 된 느낌》(The Sensation of Being Somebody, Zonder-van)에서 건전한 자아상을 구성하는 3가지 요소를 다음과 같이 설명하였다.

첫번째 요소는 사랑을 받고 있다는 소속감이다. 이것은 누군가가 자기를 원하며, 용납하며, 돌보아주며, 즐기며, 사랑한다는 것을 단순히 느끼는 것이다. 나는 개인적으로 우리가 출생하기 이전에 이러한 느낌을 갖기 시작한다고 믿는다. 내가 마음속에 깊은 상처가 있는 사람들과 상담을 하면서 확신하게 된 사실이 있다. 즉, 그들 속에 느끼고 있는 거부감의 근원이 출생 전 그들의 부모들이 가졌던 잘못된 태도로부터 나왔다는 점이다. 원하지 않는 아이를 가졌을 때 그 어머니 뱃속의 아이는 소속감을 거의 누리지 못하게 된다.

두 번째 요소는 자신의 가치와 중요성을 느끼는 것이다. 이것은 내적 믿음과 감정을 의미한다.

"나는 가치가 있어, 내게는 뭔가 내어놓을 만한 것이 있거든."

세 번째 요소는 자신감이다. 이것은 느낌으로부터 오는 생각이다.

"나는 이 일을 해낼 수 있어. 나는 어떤 상황에서든지 잘 처신해 나갈 수 있지. 나는 생에 대한 자신감이 있어."

위의 요소들을 한 번에 묶어보라, 그리하면 자아 개념 감정을 형성하는 세 쌍의 요소를 얻게 된다.

와그너 박사가 위에서 말했듯이 소속감, 가치감, 자신감은 건강한 자존감을 갖는 데에 필수적인 요소이다. 그리고 굶주린 마음의 사람들은 성장과정에서 소속감, 자신에 대한 가치감과 자신감을 얻지 못했기 때문에, 성장한 뒤의 삶 속에서도 자신의 귀중함과 가치를 잊어버리고 살 때가 많다.

우리는 우리의 평가를 다른 사람이 아닌, 자기 자신이 아닌, 하나님으로부터 받아야 한다. 여러 가지의 상처와 스트레스들이 나를 괴롭힐 때도 늘 하나님이 주신 말씀과 나의 귀중성을 생각하며, 나를 괴롭히는 자기비하와 왜곡과 좌절과 불신으로부터 나올 줄 알아야 한다. 이것은 어떤 의미에서 바른 자신의 선택이며, 나의 바른 생각을 내가 주장하는 것이다.

성경에는 우리의 자존감을 회복시키며 우리의 가치감을 일깨워 주는 말씀이 많이 있다. 그 중에서 중요한 구절들을 인용해 본다.

"보라 아버지께서 어떠한 사랑을 우리에게 베푸사 하나님의 자녀라 일컬음을 받게 하셨는가, 우리가 그러하도다 그러므로 세상이 우리를 알지 못함은 그를 알지 못함이라 사랑하는 자들아 우리가 지금은 하나님의 자녀라 장래에 어떻게 될지는 아직 나타나지 아니하였으나 그가 나타나시면 우리가 그와 같을 줄을 아는 것은 그의 참모습 그대로 볼 것이기 때문이니"(요일 3:1-2).

"우리가 아직 죄인 되었을 때에 그리스도께서 우리를 위하여 죽으심으로 하나님께서 우리에 대한 자기의 사랑을 확증하셨느니라"(롬 5:8).

"자기 아들을 아끼지 아니하시고 우리 모든 사람을 위하여 내주신 이가 어찌 그 아들과 함께 모든 것을 우리에게 주시지 아니하겠느냐"(롬 8:32).

"여호와는 나의 빛이요 나의 구원이시니 내가 누구를 두려워하리요 여호와는 내 생명의 능력이시니 내가 누구를 무서워하리요" (시 27:1).

위의 말씀을 자세히 읽어 보라. 얼마나 우리에게 힘을 주고, 확실한 존재감을 갖게 하는 말씀들인가! 비록 과거의 아픔과 여러 가지의 상처들이 나를 괴롭히고, 또한 현재의 스트레스가 가중되어 내가 나를 극심하게 비하하고 괴롭힐 때에도 우리는 그것에 빠지지 않고, 다른 선택을 할 수가 있는 것이다. 우리에게 힘을 주고 나의 존재를 더욱 견고히 하는 말씀을 믿고 의지하는 일은 치유 과정에서 보석과 같은 과정이다.

많은 그리스도인들이 말씀을 의지하고 승리하고 싶은 마음을 갖고 있지만, 그러나 승리하지 못하는 경우도 허다하다. 특히 의지가 약하고, 충동이 강한 사람들은 더욱 그렇기 때문에, 변화와 회복을 위해서 우리는 기도와 찬양을 통해 성령과 동역하는 것을 배워야 한다. 곧 나의 감정과 생각을 내려놓고, 그 굶주린 마음에 필요한 말씀으로 채우며, 그 말씀을 내 것으로 받아들이는 훈련은 놀라운 효과와 변화를 가져다주는 것이다.

우리에게 도움을 줄 수 있는 씨맨즈 목사님의 다음 구절들을 자세히 묵상해 보자.

 무슨 권한으로 당신은 하나님이 기뻐하시는 존재를 깎아내리고 멸시하는가? 사도 바울은 우리가 '그가 사랑하시는 자 안에서 우리를 받으셨다' (엡 1:6)고 했다. 사도 바울은 우리가 '그리스도 안

에' 있다고 감히 말했다. 이 구절을 90번 이상 사용한 것을 볼 수 있다. 우리는 그리스도 안에 있다. 그러므로 우리는 그의 사랑하는 자 안에 있는 것이다. 하나님은 그리스도 안에 있는 당신을 보고 이렇게 말씀하신다.

"너는 내가 아주 기뻐하는 나의 사랑하는 아들, 나의 사랑하는 딸이다."

당신 자신에 대한 생각을 무엇을 통해서 받겠는가? 어린 시절의 당신 속에 형성된 거짓된 생각과 과거에 받은 상처를 통해서 받겠는가? 혹은 이렇게 말하겠는가?

"아닙니다. 나는 더 이상 과거의 경험으로부터 오는 거짓말을 듣지 않겠습니다. 나는 거짓말쟁이요, 혼돈케 하는 자요, 눈을 멀게 하는 자로서 무엇이든지 비틀고 왜곡시키는 사탄의 속삭임을 듣지 않겠습니다. 나는 하나님이 나를 생각하시는 내용에만 귀를 기울이겠습니다. 하나님이 사랑으로 나를 평가해 주시는 것이 내 생애의 일부분이 되고 또한 내 마음속 깊은 곳에 그 감정이 스며들 때까지 그분이 나의 생각을 재조정해 주시기를 바라겠습니다."

확실하면서도, 적절하게 잘 표현된 말씀이다. 우리 모두는 '더 이상 과거의 경험에서 온 거짓말'에 속을 필요가 없다. 또한 더 이상 나를 괴롭히는 사탄의 운동장에서 놀아서도 안 된다. 그곳에서 나와야 한다. 그리고 주님이 우리에게 주신 말씀에 귀를 기울여야 한다. 확실한 것은, 우리는 다같이 하나님이 말씀하신 것처럼 '하나님이 아주 기뻐하는 나의 사랑하는 아들과 딸'인 것이다. 이 확실한 한 말씀 하나만으로도 우리는 우리 자신을 감사할 수 있고 기뻐할 수 있다.

✻ 서로 나누기

1. 굶주린 마음(정서적인 굶주림)은 무엇을 말하며, 어떤 사람에게 독특하게 드러나는 것인가?

2. 굶주린 마음을 갖게 된 원인은 무엇인가? 특별히 자신의 어린 시절에 일어났던 일들 중에서 잊혀지지 않는 일이 있다면 무엇인가?

3. 우리 삶에서 구체적으로 드러나고 있는 굶주린 마음의 현상들은 무엇인가?(될 수 있는 대로 구체적으로 말하기)

4. 내가 나를 지지하고 격려하는 일은 왜 중요할까? 지금 내가 나에게 격려나 지지를 할 수 있다면 그 무엇으로 가능한가?
또는 나를 지지하고 격려할 수 없는 이유는 무엇인가?

5. 야곱의 삶과 다윗의 삶을 통해서 알 수 있는 굶주린 마음과 치유과정을 서로 나누어 보자.
서로의 공통점과 다른 점은 무엇인가?

6. 굶주린 마음으로 인한 중독의 예를 들어 보고, 치유방안을 나누어 보자. 자신의 경우가 아니더라도 가깝게 지내는 사람의 실례는 서로에게 도움이 된다.

7. 요즈음 유행처럼 번지고 있는 인터넷 중독과 청소년들을 생각해 보자. 그들을 중독으로부터 지키려면 부모나 주위의 사람이 어떻게 도와주어야 하는가?(굶주린 마음과 연결시켜서)

* Notes (주)

2장

1. Stormie Omartian LORD, *I WANT TO BE WHOLE*, Thomas Nelson Publishers 2000, p. 12.
2. 브루스 리치필드, 넬리 리치필드, 《하나님께 바로서기》, 예수전도단, 2000, p. 36.
3. *Ibid*. p. 37.
4. Stormie Omartian, *Ibid*, p. 32.
5. 윌리엄 바커스, 《부정적 감정을 치유하는 자기고백》, 예찬사, 1998, p. 192.
6. 강준민, 《나를 위로하시는 하나님》, 두란노, 2010, p. 124.
7. 데이빗 씨맨즈, 《상한 감정의 치유》, 두란노, 1986, p. 79.
8. *Ibid*, p. 94.

3장 분노의 이해와 치유

/ 어린 시절 학습과 분노의 표현은?
/ 분노를 일으키는 내적 요인들
/ 분노의 다른 얼굴들
/ 분노의 표출만큼 무서운 회피
/ 분노하는 마음의 치유

3장 분노의 이해와 치유

'독 나무(The poison tree)'는 영국의 시인 윌리엄 블레이크(William Blake)가 억제된 분노와 그 부정적인 결과에 대해서 말하고 있는 시이다.

나는 나의 친구에 대해 화가 났는데
내가 화난 말을 하니, 나의 화가 끝이 났구나.
또한 나의 원수에 대해 화를 냈는데,
내가 그 말을 하지 않았더니, 나의 화가 자라났구나.

그래서 나는 두려움 중에 그것을 기르고
아침저녁으로 눈물 흘려 물 주며,
또한 웃음으로 햇빛 비추며,
부드러운 속임수로 그것을 가꾸었노라.
나의 화는 밤낮으로 자라나서,
빛나는 사과의 열매를 맺었더니,
나의 원수가 그 빛나는 것을 보고는,
그것이 내 것인 줄 알아보았도다.

밤이 어두움의 장막을 드리웠을 때,
나의 사과 밭에 도둑이 들었는데,
상쾌한 아침에 내가 본즉,
나의 원수가 나무 밑에 큰 대자로 뻗어 있었네.

분노는 모든 사람이 가지고 있는 감정으로서 자신과 주위 삶의 정서와 관계에 많은 영향을 미친다. 곧 분노를 잘 다스려서 건전하게 표현하면 삶의 좋은 에너지가 되지만, 반면에 잘못 폭발시키면 주위 사람들에게 심각한 상처를 입히고 관계가 깨지는 아픔을 겪게 된다.

기본적으로 이 분노는 자신이 갖고 있는 어떤 권리를 침해 받아, 물질적으로나 정신적으로 피해를 입었다고 느낄 때, 일어나는 자연스런 반응이다. 또한 분노는 가끔 알아차리기가 어려운 감정으로서 좌절, 초조, 성가심, 화냄, 조바심 등등으로 나타나는 표현의 다양성을 가지고 있다. 그리고 그 요인들도 복잡하고 다양하다.

사람이 분노할 때, 그 신체기관들은 긴장하고, 몸속의 아드레날린이 증가하는 등 신체는 폭력적인 방향으로 나아가려 한다. 눈에 힘이 들어가고 손과 팔의 근육이 뭉치면서 긴장한다. 또한 두뇌의 사고기능이 부정적으로 반응하기 쉽고, 정상적인 판단기관이 마비되는 경향이 있다. 그래서 화가 나면 비이성적으로 행동하기 쉽고, 심각한 사고를 일으킬 수도 있는 것이다. 그러므로 이 분노를 잘 이해하고 다스려, 원만하게 잘 표현하는 것은 참으로 중요한 일이다.

나의 분노는?

( ) 1. 화나는 일이 있으면, 반드시 화를 풀어야 한다.
( ) 2. 화를 애써 조절하는 것보다는 자연스럽게 표현하는 것이 낫다.
( ) 3. 화가 났을 때 어떤 것을 두들겨 패면 화가 좀 풀린다.
( ) 4. 모든 사람은 친구나 부모, 배우자에게 무의식적으로 화를 낸다.
( ) 5. 직장 상사가 나를 괴롭힌다면, 그 분노를 표현하는 게 좋다.

(   ) 6. 마치 솥에서 나오는 김처럼 예상치 못한 상황에서 갑자기 화가 난다.
(   ) 7. 분노는 언제나 정당하다.
(   ) 8. 선천적으로 화를 잘 내는 사람이 있다. 그들이 화를 잘 내는 것은 일종의 유전이다.
(   ) 9. 분노를 밖으로 표현하면 모든 인간관계가 깨어진다.
(   ) 10. 마음속에서 생기는 분노는 우울증 때문이다.
(   ) 11. 분노는 반드시 정화시키는 수단이 필요하다.
(   ) 12. 분노를 밖으로 표현하면, 인간관계가 깨어진다.
(   ) 13. 분노를 정화시킬 수 있는 수단이 필요하다.
(   ) 14. 모든 인간의 분노는 죄다.
(   ) 15. 성경은 대체로 분노를 표현하는 것이 옳다고 쓰여 있다.

* 정답은 모두가 +이며, 4개 이상을 0표 했다면, 분노에 대한 오해를 가지고 있다.

자신의 분노를 건강하게 노출시킬 수 있고 또한 그 분노를 이해하는 것은 치유의 과정에서 특별히 중요한 과정이다. 분노 조절이 어렵고, 자신도 모르게 분노를 발산하는 사람들은 누군가의 도움이 필요하기도 하지만, 자신이 분노를 조절할 수 있는 용기와 인내도 같이 필요하다. 또한 자신들이 가지고 있는 '분노의 샘'을 시인하고, 대면하며, 그 분노를 십자가 앞에 내려놓는 일이 없이는 치유가 거의 불가능하다.

먼저 자신의 분노를 이해하기 위해, 어린 시절 어떻게 내 자신이 살아왔는지를 알아보자.

- 나는 어떤 경우에도 화를 내본 적이 없다. – 마음속에 스트레스는 많았지만, 그것을 표현할 수가 없었고 말대답을 할 수도 없었다. (   )
- 나의 부모님은 서로에게 늘 소리를 지르고 화를 내며 싸웠다. 때로는 나에게도 그렇게 화를 내고, 야단을 쳤다.(   )
- 우리 부모님은 화가 나고 어려운 상황에서 침묵과 냉정으로 일관했다. 자녀를 바라보는 눈은 늘 차갑고 냉정했다.(   )
- 우리 가정은 화내는 것을 죄악시했다. 기독교인이 화를 내는 것은 잘못된 것이라고 가르쳐 왔다.(   )
- 나는 부모님의 칭찬을 듣기 위해 늘 착한 아이로 살았었다. 그래서 내 마음대로 화를 낸다는 것은 불가능한 일이었다.(   )

위에서 말하고 있듯이 우리들 대부분은 분노를 건설적으로 표현하고 다루는 법을 배우지 못했다는 것을 알 수 있다. 또한 자라면서, 우리 주위의 어떤 모델들– 부모와 형제자매, 타인–을 통해 터득한 잘못된 방법과 잘못된 생각을 갖고 있다는 것도 간과할 수 없다. 그러므로 자신이 갖고 있는 분노를 이해하기 위해서는, 정직하게 자신의 어린 시절을 살피고, 대면하지 못했던 분노의 다양한 양상들을 아는 것이 중요하다.

어린 시절 학습과 분노의 표현은?

이미 언급한 것처럼 아이들은 자신의 부모가 분노를 표현하는 모

습과 가족 간에 용납될 만한 화풀이 대상들을 보면서 자기 분노를 어떻게 표현할 것인가를 배운다. 또한 어린 시절에는 부모의 갈등이나 싸움에 많은 영향을 받으며 자라난다. 그래서 정서적으로 불안하고, 부모의 눈치를 살피며, 일어나는 분노를 억누르는 습관을 배우기도 한다. 어른이 되어서도 분노를 적절히 표현하지 못하고 좌절에 빠지는 것은, 어린 아이 때 제대로 배우지 못했기 때문이다.

부모들의 공격성을 보면서 놀라기도 하고, 공포를 느끼기도 하지만 또한 학습하기도 한다. 때로는 자신들의 분노를 표현하고 싶었지만, 그렇게 하지 못하고 자기가 분노한 사실을 부인하거나 억압해서 좀더 미묘하게 표현하는 수동적 공격형의 분노(anger of passive-aggressive type)도 어린 시절과 연관이 있으며, 그것은 고함을 지르거나 논쟁을 벌려 다른 사람을 괴롭히는 것만큼 교활하고 해로운 것이 될 수 있다. 어린 시절에 학대받은 아이들, 억압당한 아이들, 비난과 질책을 많이 받은 아이들, 완벽주의 부모에게 순종해야 했던 아이들, 그리고 부모의 부부관계가 원만하지 못하고 싸움이 잦았던 부모에게서 자라났던 아이들, 성적인 자극을 받았던 아이들, 부모로부터 버려졌던 아이들 등등은 어떠한 형태로든 쌓여진 분노가 커가면서 밖으로 표출되기 시작한다.

분노를 일으키는 내적 요인들

자존감과 자기 만족감을 위하여

많은 심리학자들은 사람들이 자존감이나 자기 만족감이 위협을

받을 때 분노를 일으킨다고 말한다. 삶에서 나타나는 패배감이나 부적절감들, 여러 가지 비난과 질투심, 무력감과 상처들은 자신의 자존감과 만족감에 손상을 주고 좌절과 분노를 가져다 줄 수밖에 없다.

자존감이 낮은 사람은 조금만 어려운 상황에 처하게 되어도 위협과 불안을 느끼고, 두려움과 상처와 질투심이 쉽게 표면에 나타나게 되기 때문에 분노는 더욱 민감한 반응을 보인다. 그리고 건전한 자기 만족감은 건전한 자아상을 갖는 데 도움을 주지만, 지나친 자기 만족감은 친밀한 관계 안에서 서로 나누는 일에 익숙하지 못하기 때문에, 부정적인 영향을 미친다.

지나친 자기 만족감을 소유한 사람들은 자기가 남들에게 뭔가를 의존해야 하고 동시에 무엇인가를 희생해야 된다는 사실이 드러나면, 쉽게 좌절하고 분노하게 되는 것이다. 특히 무력한 자기 자신에게 화를 내며 또한 무력하도록 자신을 누르는 남들에 대해 이해를 못하고, 분노를 발하게 되는 것이다.

좌절감

좌절감은 여러 가지 상황이나 사람들로 인하여 자기가 추구하는 것을 얻지 못했을 때 생기는 감정이다. 또한 다양한 상황에서 분노를 일으키는 공통적인 요인은 좌절감이다. 제 시간에 원하는 것을 다 끝내지 못했을 때, 중요한 일을 방해받았을 때, 온갖 노력했던 일들이 한 순간에 수포로 돌아갔을 때 등등 다양하게 좌절감은 일어날 수 있다. 또한 사람들이 좌절감을 느끼는 정도의 차이는 그들의 목표가 얼마나 중요한가, 좌절되었던 일이 얼마나 오래 지속되었는가, 좌절할 것을 이미 예측하였는가의 유무에 달려 있다.

갑자기 당하는 작은 좌절도 분노를 일으키게 되지만, 오랫동안 지속되는 좌절감을 참고만 있는 것은 폭력적인 분노를 터뜨릴 수 있는 충분한 계기가 되는 것이다. 또한 미처 예측하지 못한 좌절을 갑자기, 중요한 일에 당했을 때도 분노는 클 수밖에 없다.

주도권에 대한 욕구

대부분의 사람들에게는 주도권을 잡고 싶은 욕구가 있다. 그러나 인간관계에 있어서, 좋은 관계를 갖고 유지하는 일은 우선적으로 관계에서 주도권을 잡는 것이 아니고, 자신의 어떤 권한을 상대방에게 자발적으로 양보하는 데에 있다. 곧 자기 자신의 행동을 다스려 다른 사람의 삶에 잘 맞추어 주는 것이다.

사랑의 관계에서도 이런 권한의 양보가 건강하게 이루어지는 것이 중요하고 바람직하지만, 그러나 대인 관계에서 위협을 느끼거나 인정의 욕구가 강한 사람들은, 자주 분노를 사용하여 자기 주위에서 일어나는 일에 대한 주도권을 자기에게로 회복시키려고 한다. 이런 의도로 표출하는 분노는 때로 다른 사람을 겁나게 하고 경고를 함으로써 주도권을 확보해 주는 데에 보탬이 되기도 한다. 그러나 사실은, 오히려 잘못 사용되어져 관계를 끊게 되거나 외롭게 되는 일도 허다하게 볼 수 있다.

죄책감

자신의 내면에 있는 죄책감이 해결되지 않으면 사람들은 과민해지며, 자신도 모르게 성급하게 되어 분노의 행동을 하게 된다. 죄책감은 있지만, 자기의 잘못을 완전하게 시인하지 못한 경우, 어떤 행

동에 대해서 비난이나 지적을 받게 되면 자신도 모르게 화를 낼 수가 있다. 이는 내면적으로 방어를 하고 있기 때문이다.

이럴 때에, 확실하게 자기 잘못을 인정하거나, 자신의 약점을 아는 것은 중요하다. 확실히 알게 되면, 이제 자기를 방어할 필요가 없으므로 화를 낼 가능성도 적어지기 때문이다. 그러나 대부분의 행동들은 선명하게 옳거나 그르다고 판단할 수가 없고 애매한 부분들이 있다. 그래서 서로 대면하게 되고, 비난을 주고받는 경우에는 많은 분노가 일어나기 마련인 것이다.

거절과 상처

다른 사람으로부터 거절을 당했다고 느끼며 상처를 받으면, 자신은 무가치한 존재라는 느낌을 갖게 된다. 특히 나에게 중요한 영향을 주는 사람들이 거절을 했다고 느낄 때에, 사람들은 그들을 거부함으로써 안으로부터 자기 자신을 지지하고 보강하려고 한다. 이때 거부하는 주 무기(the primary weapon)는 분노와 적대감이다. 이러한 형태의 분노는 비판이나 굴욕, 평가절하를 당했다고 느낄 때에도 일어난다.

거절을 당하는 데서 오는 분노는 일시적으로 기분을 좀더 낫게 하거나, 남들의 공격으로부터 자신을 지켜주는 것 같지만, 그러나 인간관계의 상처를 치료하는 데는 도움이 되지 않고 오히려 역효과를 나타낼 수도 있다. 또한 상처받은 사람들은 밖으로 적대적인 행동을 보이거나, 혹은 내면적으로 분개하든지 자주 분노를 표현하게 되는데 이로 인해 자기 자신뿐 아니라 다른 사람에게까지 불쾌한 영향을 끼치게 된다. 그렇게 자주 표현되어진 분노는 오히려 줄어들지 않고, 습관이 되어 주위 사람들을 자신도 모르게 괴롭히는 결과를 만든다.

인간의 죄성과 자기중심적 사고

인간의 타락 이후 하나님과 단절된 인간의 삶은 자기중심적인 존재의 삶이 되었고 그 결과로 나타나는 두려움과 이기심, 교만, 빈약한 자아상 등등은 분노의 가능성을 더 높여주게 되었다. 물질적인 안정과 성공과 명예를 얻기 위한 욕구도 자기중심적인 집착이나 욕망으로 흘러가게 되고, 이를 이루지 못하게 되었을 때에는 분노와 적개심이 뒤따르기 마련이다. 곧 타인을 비난하며, 환경과 다른 사람에게서 이루지 못한 이유를 찾기 시작할 때부터 생기는 것은 원망과 괴로움 그리고 분노인 것이다.

하나님께서는 현재 타락한 상태에서 우리 인간이 누리는 삶보다 훨씬 더 많은 것들을 누리기를 원하신다. 우리 인간 역시 자신의 가능성을 최대한 개발하고자 하는 깊은 욕구를 가지고 있다. 그러나 인간의 죄성 때문에 오는 여러 가지 결과와 타락한 세상은 이러한 욕구들을 좌절시키고 있다. 곧 대인 관계에서 사랑을 주고받는 좋은 욕구, 자신들의 재능을 개발하고 싶은 열망, 또한 삶의 안정과 행복을 누리고자 하는 당연한 욕구들도 우리의 타락한 본성으로 인하여 끊임없이 방해를 받고, 그 결과 사람들은 분노하고 좌절하는 것이다.

몇 년 전 일간지에 기사로 나왔던 사례이다.

결혼기념일에 이 부부는 같이 식사를 했고, 술도 한두 잔씩 나누었다. 술이 약간 취한 남편은 빨리 집으로 가자고 했다. 피곤하고 졸리다는 이유였다. 그러나 부인은 남편의 그 말이 너무나 섭섭하게 느껴졌다. 오늘이 결혼기념일인데 분위기 있는 카페에 가서, 커피라도 한잔 마시며 평소에 못 다한 이야기를 나누고 싶었던 것이다. 할 수

없이 남편을 따라 집으로 돌아왔지만, 기분이 썩 좋지가 않았다. 섭섭하고 동시에 화가 났다. 원망스럽기도 했다. 하고 싶은 얘기도 쌓여 있었고, 늘 자기 기분을 몰라주고 무시하는 남편이 오늘 따라 더욱 싫게 느껴졌다.

그래서 복잡하고 심란한 마음을 추스르려고 애를 쓰는데, 남편이 갑자기 와락 소리를 질렀다. "불을 끄고 자야 하는데 너 때문에 못 자겠다"고. 아내는 순간 홧김에 식탁에 있는 작은 화분을 던지며, 그렇게 잠이 중요하냐고 소리를 쳤다. 생각할 여유도 없이 화분이 남편 옆으로 떨어졌고, 남편은 술김에 일어나 부인을 때리며 소리쳤다. "나 죽으라고 화분을 머리에 던졌지?"라고. 그와 동시에 아내는 부엌에 들어가 칼로 남편 등을 찌르고야 말았다.

이 우발적이고 끔찍한 사고에서 우리는 무엇을 느끼며 또한 어떻게 설명할 수가 있을까? 물론 대화가 부족한 사람들의 내면 속에 가득한 분노를 볼 수 있다. 그러나 죄성을 소유한 우리 인간 모두는 정도의 차이는 있지만, 다 자기 이기성에 물들어 있다. 자기중심적인 삶을 습관처럼 살고 있기에 죄와 연루된 시간들이 끝없이 펼쳐질 수 있는 가능성은 누구에게나 있는 것이다.

분노의 다른 얼굴들

분노는 참으로 다양한 형태를 갖고 복잡하게 나타난다. 아래에 기록된 것들은 여러 가지 형태로 드러나는 분노의 다른 모습들이다. 이들의 맨 밑바닥에는 분노가 자리 잡고 있다.

적개심 Hostility

분노와 적개심은 가장 밀접한 관련이 있다. 분노가 적절히 해결되지 못하고 내면에 깔리는 것이 반복되면 그것은 내면에서 과잉-억압의 악순환을 하다가 삐뚤어진 감정을 만들게 되는데 이러한 감정이 수시로 튀어나오는 것이 적개심이다.

자만심 Conceit

자만심은 다른 사람들에게 무관심하거나 떨어져 있는 것으로서, 개인적인 허영심과 자기중심주의를 반영한다. 외로움과 거절당한 상처에 대하여 상대를 얕보거나 평가절하하는 식으로 덮는 방어기제이다.

복잡한 궤변 Sophistication

복잡한 궤변은 자만심이 많은 사람들의 일반적인 특징이다. 이것은 속이기 위한 의도를 지닌 거짓 논쟁이나 간단한 것을 복잡하게 만드는 것이다. 관계를 가로막는 장애물이며, 피상적이고 인위적이며 비현실적이다. 옳고 차분하게 보이려는 욕구가 있지만 그 이면에는 불안전감, 두려움, 열등감이 있다.

우월감 Superiority

열등의식을 감추거나 보상하기 위한 방어기제로서 스스로 우월한 것들을 자기 안에 수집하여 그런 의식을 만들어 간다. 남을 경멸하거나 비하함으로써 관계가 단절되는 피해가 있으며, 우월감의 이면에는 깊은 열등감과 불안전감이 자리 잡고 있다.

경쟁심 Competitiveness

경쟁심은 과잉 성취, 일 중독, 행위 중심 그리고 완벽주의와 깊은 관련이 있다. 경쟁심은 사랑을 얻기 위해, 또한 대단한 사람이 되기 위해 잘못된 동기로 행동하는 것이며, 용납받기 위해 나도 할 수 있다는 것을 입증하려고 애쓰는 것이다. 항상 거절당할지도 모른다는 생각을 갖고 있으며, 다른 사람의 어떤 것도 인정하지 못하는 문제점을 보인다.

군림 Dominance

군림은 불안전감의 신호로서, 사랑의 결핍에서 비롯된 것이다. 거절받지 않기 위해 비정상적인 관계만을 맺으려는 것이 굳어진 상태이다. 또한 자기중심적인 생각이 굳어진 내면 상태이며 관계 맺는 방식이 일종의 횡포이다. 다른 사람이 인정을 하는 것과 상관이 없다.

완고함 Rigidity

완고함은 '융통성이 없다, 유연성이 없다, 극단적으로 완고하다'는 뜻을 가지고 있다. 이는 심한 열등감에서 나오는 공격적 반응으로서 다른 사람의 의견을 듣는다는 것은 자기가 무너지는 것이라는 내면적인 의식 상태의 표출이다. 고집불통, 배우기를 싫어하는 등 그들의 정체감은 그들 주변에 익숙한 것에만 몰두해 있다.

원망과 쓴 뿌리 Resentment

이는 용서할 수 없을 때 나타나는 감정의 분개로서 마음속에 자리를 잡게 되면 쓴 뿌리가 된다. 상처를 입었을 때, 분노 다음에 오는

감정으로서 더욱 깊어지면 증오, 살인 충동까지 이어질 수 있다. 다른 사람으로부터 상처를 입었을 때, 사람들은 원망과 쓴 뿌리로 괴로워하거나 아니면 용서할 수 있는데 이는 자신의 선택이다.

비판 Criticism

비판은 자기연민의 공격적 변형으로서 타인을 비참하게 만들어 자기비하를 감추려는 일종의 방어기제이다. 이는 자신의 불만족 속에서 영적, 정서적 피해를 가져온다. 비판은 분별과는 다르며, 그 경계는 분명하다. 일이나 사람, 가르침에 대해 올바르게 비평적인 진단을 하고 분별을 하는 것은 거짓된 가르침이 만연하는 상황 속에 특히 필요한 것이다.

지배욕과 소유욕 Control and Possessiveness

이는 불안전감과 거절감의 상처에서 온 것으로, 주도권을 잡으려는 시도이다. 곧 남의 인생을 대신 살려는 상한 감정의 표출이다. 소유욕은 지배욕과 밀접하게 연결되어 있으며, 사실상 지배욕에서 흘러나온 것이다. 소유욕은 상대방의 삶을 나를 위해 살아가게 하려고 애쓰는 것으로, 개별성을 파괴하는 치명적인 무기다.

조종 Manipulation

이는 매우 강력한 증상으로서 심한 두려움과 거절감의 상처에서 온 것이며, 거짓으로 배후를 감추려고 한다. 사랑을 흉내 내지만 오히려 사랑을 말살시킨다. 조종을 하는 자는 모든 사람에 대한 불신을 갖고 있으며, 제한된 자기의 시각 속에서 모든 것을 판단하며 다른

사람의 견해를 존중하지 않는다. 또한 자기가 모든 것을 통제해야 한다는 생각에 어떠한 대가를 주고라도 상황을 주물러야 한다는 사고에 사로잡혀 있어서 때로는 파괴적일 수도 있다.

분노의 표출만큼 무서운 회피

올라오는 분노의 감정을 마음껏 표출하거나, 감정 표현을 속으로 무조건 억제하는 것은 인간관계나 또한 자신에게 있어서 악하고 해로운 것들이다. 이것은 둘 다 감정의 지배를 받는 행위로서 자신의 이기심에서 오는 것이며, 사람들을 괴롭힌다.

상담을 하면서 종종 만나는 부부형이 있는데, 우리나라에서는 흔히 찾아 볼 수 있는 유형으로서, 격노하는 남편과 분노의 감정을 억제하는 부인의 유형이다.

얼마 전에 상담소를 계속 찾아왔던 폭탄 부부가 그랬다(이 부부 이름은 필자가 그들에게 붙여준 이름이다). 그 남편은 늘 자기 자신을 분노의 감정에 맡기고 대개는 말로 분노를 쏟아 내곤 했다. 또한 가끔은 고함, 정죄, 비난, 욕설을 표출해서, 주위에 친구도 별로 없고, 식구들도 가까이하기를 꺼리는 대상이 되었다.

그러나 같이 살고 있는 아내는, 남편이 그럴 때마다 속으로 화를 내고 있었다. 가족들을 향해 분노를 자주 표출하는 남편의 태도를 보며 경멸과 수치심을 느끼고 있었기 때문에 부인은 분노를 표현하지 못한 채로 늘 마음속에 담아 두었다.

그녀의 남편이 한바탕 정죄하며, 비난하고 나가면, 그녀는 그때 일어난 사건들을 마음속으로 되새기고, 억울해 하며, 속으로는 마구 욕을 할 때도 있었다. 그러나 밖으로는 그 분노를 표현하지 못했고 참았기 때문에, 그녀는 자신이 종종 '냉정을 잃지 않는 희생자' 혹은 '나는 늘 당하는 희생자'라고 느끼고 있었다.

그러나 그녀의 내면에 있는 '분개와 증오심'은 남편이 분노를 폭발시키는 것보다 더 해로운 것이라는 것을 그녀는 알지 못했다. 왜냐하면 그녀는 자신의 분노 문제를 인식하지 못했고, 그것을 제대로 다루지도 못했기 때문이다. 그래서 어떤 때는 자신도 모르게 참았던 분노가 무섭게 터질 때가 있었고, 그것은 그녀 자신을 몹시 당황하게 하였다.

또한 그녀가 남편에게 갖고 있는 분노나 증오를 그녀는 심각하게 인식하지 않고 있기 때문에, 그녀의 내면에 있는 원망과 죄성과 적개심을 인정하는 것은 상당히 어려웠다. 여러 가지의 심리검사와 상담을 통해 그녀는 자신의 실체를 알고 난 후부터 분노의 건강한 표현과 변화를 경험하게 되었다.

이러한 두 가지 형태의 분노 표현은 모두 인간관계를 파괴하고 있기 때문에 둘 다 치명적으로 해로운 것이 될 수 있다. 이 두 사람은 다 같이 자기 감정의 지배를 받고 있으며 또한 둘 중에 누구도 문제를 줄이고 관계를 개선할 방법을 찾아내어 적용하지 못하기 때문에 더욱 심각한 상태임을 알 수 있다. 사실은 두 사람 다 이기적이고 자기의 입장만을 내세우고 있는 것이다.

마음속에서 계속 자라나고 있는 분노는?

흔히 사람들은 원초적으로 자신의 감정을 격렬하게 쏟아내고, 소리를 질러 불쾌감을 표현하여 자신의 분노를 폭발시키는 사람들만을 큰 문제라고 생각한다.

그러나 분노의 감정을 적절히 다루지 않고 억제해 두면 거기에서 감정의 사슬은 끝이 나지 않고, 마음속에서 계속 자라나게 되어 그러한 분노는 오히려 죄로 자리 잡을 수 있다는 사실을 알아야 한다. 마땅히 표현했어야 할 말들을 표현 못하고 속상한 감정으로 분노의 생각을 곱새기는 것은 미움과 갈등으로 죄가 될 가능성이 높은 것이다.

분노의 감정이 죄라고 생각하는 사람들이나 화내는 것을 경멸하는 분위기에서 살아온 사람들은 여러 모양으로 분노를 억제하여 수동적인 공격을 가하거나 적대감을 숨기는 일이 아주 흔한 일인지도 모른다.

흔히 교회에 출석하는 사람들이 교회에서 보여주는 모습과 가정에 돌아와 보여주는 모습은 극과 극일 수가 있다. 교회에서는 천사와 같은 모습으로 뭇사람들을 대하다가, 가정에 들어오면 헐크처럼 무섭게 변하기도 한다. 이를 지켜보는 식구들의 상처는 의외로 크다. 그 사람의 이중성과 진실이 결여된 모습 때문에 특히 자녀들은 불행한 시간들을 보내게 된다. 그들 역시 내면의 분노를 키우며 살아간다. 분노를 억지로 억제하는 것은 잠깐의 가장된 평화일 뿐이고, 그 분노는 해결되지 않은 채 여전히 살아있기 때문에, 언젠가는 잘못된 방법으로 자리 잡거나 폭발하게 되어 있는 것이다.

친밀함의 회복

수동적 공격과 분노의 표출

억제되고, 묻어둔 분노는 수동성과 공격성을 같이 드러내는 수동적 공격(passive-agression)으로 표현될 수가 있다. 이는 공개적으로는 표현할 수 없는 분노를 반영하며, 흔히 지체, 방해, 고집, 의도적인 비능률성으로 나타난다. 수동적 공격을 사용하는 사람들은 자신의 동기 속에 적의가 숨어 있다는 것을 충분히 의식하지 못한 채 교묘하게 보복하는 방법으로 공격을 가한다.

수동적 공격성을 사용하는 사람들은 항상 무슨 일에든 은근히 반대를 하거나, 단순한 일을 어렵게 하기도 하고, 만성적으로 꾸물거리기도 하며, 겉으로는 협조적인 것처럼 보이나, 실제로는 성실치 못하고 해를 끼치는 것이다. 또한 가정에서도 흔히 찾아볼 수가 있는데, 부모는 자녀에게 잘해주는 것처럼 하다가도 까다롭게 굴면서 트집을 잡는가 하면, 자녀들은 부모가 싫어하는 행동이나 옷을 입고 은근히 부모를 괴롭히려 한다. 일부러 약속을 어기고, 늦게 나타나며, 협력을 가장한 이해할 수 없는 행동들을 한다.

또한 어떤 단체 안에서 방해꾼 역할을 한다거나, 단순한 일을 어렵게 만들고, 간단한 회의를 길게 하며, 만성적으로 꾸물거리고, 협력적으로 보이지만 실제로는 게으르고 성실치 못하며, 무슨 일에든 은근히 반대를 하는 사람들은 수동적 공격성을 보여주는 사람들의 예이다. 이 수동적 공격은 우리 주변에서 의외로 많이 일어나고 있다.

우리 그리스도인들에게도 '수동적 공격형'을 교회나 여러 단체에서 생각보다 더 많이 만나게 되는데, 이는 흔히 기독교인들은 '분노의 감정이 죄'라는 생각에서 분노를 억제하고 있는 것과 연관이 있다.

그동안 많은 기독교인들은 갈라디아서 5장 20절, 에베소서 4장

31절, 골로새서 3장 8절을 인용하여 "분노는 죄며 분노를 표현해서는 안 된다"라고 가르쳐 왔다.

> "육체의 일은 분명하니 곧 음행과 더러운 것과 호색과 우상 숭배와 주술과 원수 맺는 것과 분쟁과 시기와 분냄과 당 짓는 것과 분열함과 이단과……"(갈 5:19-20).

> "너희는 모든 악독과 노함과 분냄과 떠드는 것과 비방하는 것을 모든 악의와 함께 버리고"(엡 4:31).

> "이제는 너희가 이 모든 것을 벗어 버리라 곧 분함과 노여움과 악의와 비방과 너희 입의 부끄러운 말이라"(골 3:8).

분노의 적절한 표현은 참으로 중요하다.

우리는 위에서 표현되지 못하고 쌓아온 분노나 억눌려진 분노가 얼마나 우리 자신을 파괴하고 있는지를 충분히 살펴보았다. 그리고 성경에서도, 예수님께서 성전의 돈 바꾸는 자들에게 의분하셨던 것처럼, 정당한 분노가 표현되어야 함을 가르치고 있다. 또한 성경은 분노를 적절히 표현하지 못하고 그것을 억제했을 때에 오히려 죄가 되고 더 커질 수 있음을 말하고 있다. 특히 대인 관계에서도 성경은 정직한 의사소통을 하도록 권하고 있다.

> "그런즉 거짓을 버리고 각각 그 이웃과 더불어 참된 것을 말하라 이는 우리가 서로 지체가 됨이라 분을 내어도 죄를 짓지 말며 해가

지도록 분을 품지 말고 마귀에게 틈을 주지 말라"(엡 4:25-27).

이 구절에서 우리가 알 수 있듯이 첫째, 분노는 표현해야 할 때가 있음을 알 수 있다.

둘째, 분노는 죄를 짓지 않고서 표현해야 한다는 것이다. 과연 분노를 표현하되, 죄가 되지 않도록 원만하게 표현할 수 있을까? 이는 먼저 자신에게 분노가 있음을 인정해야 한다. 곧 분노를 인정하고 그에 대한 책임을 지려는 마음을 갖기 전에는 분노를 적절히 표현할 때가 아니라는 것이다. 물론 남들이 끼친 영향으로 분노를 발한다 할지라도 그것을 어떻게 느끼느냐는 나에게 달려 있으므로 나의 책임인 것이다. 자기 분노를 남에게만 탓을 돌리고 분노의 표현을 적대적으로 또한 과격하게 한다면, 그것은 적절한 표현이라고 할 수가 없다. 그러나 분노를 표현하기 전에 먼저 분노를 인정하고 그 다음에 표현하면, 심한 비판이나 자기 동정 같은 교묘한 죄를 짓지 않는 데에 도움이 된다.

셋째, 이 구절에서 말하고 있는 "해가 지도록 분을 품지 말고"는 분노를 오래 지연시키지 말고, 빠른 시간 안에 표현해야 함을 언급하고 있다. 먼저 성내는 것은 더디 한다 할지라도 꼭 표현해야 할 분노는 적절한 방법으로 표현해야 하는 것이다. 분노를 표현하지 못하고 오래 지연시키면, 오히려 참기 어려운 감정 상태에 빠질 우려가 있다. 흔히 분노가 크고 관계가 중요할수록 그 분노를 적절히 표현하고 관계를 바로잡을 시간적 여유가 더 없어지는 것을 볼 수 있다.

수동적 공격이 더욱 만연되고 서로의 관계를 어렵게 하는 현실 속에서 분노를 적절하고 건강한 방법으로 표현하는 것은 참으로 중요

3장 분노의 이해와 치유

한 일이다.

또한 그렇게만 한다면, 가정과 직장, 교회와 사회 안의 삶에서도 서로의 관계에서 오는 기쁨과 친밀감을 더 한층 누릴 수 있게 될 것이다. 아래에 쓴 글은 우리가 어떤 상황이나 분노의 현장에서 적절한 표현의 중요성을 잘 말해주고 있다.

분노를 다스리는 법을 배운다는 것이 곧 우리가 화를 전혀 내지 않는다는 것을 의미하는 것은 아니다. 그와 반대로 화를 내는 것이 상황을 호전 내지는 반전시킬 수 있는 동기나 에너지를 제공한다는 의미도 아니다. 그러나 분명한 것은 상당수의 사람들이 분노를 건설적인 방법으로 다스릴 줄을 모른다는 것이다. 분노는 무시해서도 안 되고 억눌러서도 안 된다. 그러나 화날 때마다 화를 폭발시켜서도 안 된다. 우리는 이 강력한 감정을 언제 어떻게 다루어야 하는지를 배워야 한다. 우리는 마음 속에 흐르는 자기 고백을 찾아낼 수 있다. 또 분노가 우리를 지배하기 전에 우리가 분노를 다스릴 수 있다.

고백과 분노 그리고 건강한 대면은?

분노에 사로잡히지 않고, 분노를 인정하며, 적절하게 표현하는 데에 있어서 고백은 상당히 좋은 도구가 될 수 있다. 주님께 혹은 친한 사람에게 분노를 고백하는 것은 순수한 형태의 분노 표현이다. 고백은 고백하는 본인을 시원하게도 하지만, 고백을 통해서 자기 자신에 대한 동기나 필요 그리고 잘못을 객관적으로 볼 수 있기에 유익이 된다. 또한 분노 표현을 잘못하여 범하는 더 큰 실수나 죄를 예방할 수

있다.

또한 '아, 왜 이렇게 나는 화가 날까?' 혹은 '나를 괴롭히는 그것이 또 왔군' '아니야, 심호흡을 다시 한 번 하고 잘 생각해 보자'라고 간단한 자기와의 대화(self-talk)를 하고 여유를 갖는 것도 분노를 생각 없이 바로바로 표현하여 실수를 거듭하는 것을 예방할 수 있다.

그러나 당사자를 만나 자신의 분노의 심경을 고백하는 경우는 지혜가 필요하다. 서로가 상처를 주고받아 더욱 분노를 확장시킬 수가 있기 때문에, 이성적으로 서로의 입장에서 생각해 보고 '득과 실을 따져보는 시간'들이 필요하다. 서로가 책임이 있다는 것을 인정하고, 온유한 마음으로 정직하게 마음을 열고 화해를 염두에 두고 서로 존중하는 마음을 잃지 않는다면 인간관계는 더욱 좋아지고 발전될 것이다. 부부 사이에도 그리고 비록 자녀와 부모 사이에서도, 부당한 방법으로 분노를 표현해서 상처를 주었다면 마땅히 사과하고 자신의 책임을 시인하는 것도 건강한 고백이 될 수 있다.

그러나 이러한 경우는 어떠한가? 상대방이 치명적인 잘못을 했는데 왜 내가 당연히 분노한 것을 고백해야 하는가? 예를 들어 "남편이 부정을 저질러 내가 분노를 폭발시켰는데, 당연히 남편이 회개해야 되지 않는가?"라고 말할 수 있다. 그러나 상처를 받은 아내도 상처와 분노에 사로잡히지 않도록 조처를 취하는 것은 중요한 과제이다. 분노에 사로잡히면 더욱 상처를 받게 되어 더 이상 미움을 떨쳐 버릴 수 없는 지경에 놓일 수 있기 때문이다.

이런 경우, 주님께 자신의 분노를 토로하고, 그 분노로부터 자유해질 수 있도록 간절히 기도하는 것이 중요하다. 주님 앞에서의 고백

이라도, 분노에 대한 자기의 책임을 시인하면, 그 분노로부터 벗어나 좀더 자유함과 객관성을 갖게 되는 것이다. 그러므로 자신이 분노에 사로잡히지 않도록, 그 분노로부터 자유하게 해 주시도록 주님께 진심으로 기도하는 것은 중요한 일이다.

아무리 생각해도 직접 만나서 면책하고 싶은 사연이 있을 때에는 더 이상 분노를 키우지 않기 위해 혹은 더욱 좋은 관계를 유지하기 위해, 분노를 적절히 표현하는 방법을 연습해야 할 필요성이 있다.

'가까운 사이거나 심각한 사연' 일수록 서로의 입장을 생각해보며, 더욱 많이 연습하고, 서로의 역할을 바꾸어 대면할 말들을 시연해 보는 것이 좋다. 타인의 도움을 받아 감정을 섞지 않고 단호하게 말하는 법을 배우고, 문제 해결을 위해 생각의 중심을 모으고, 일인칭 대화법을 사용한다. 일인칭 대화는 다른 사람을 비난하지 않고 나의 감정이나 생각을 표현할 수 있다. 자신의 입장에서 느낀 감정을 말하며, 나중에 원하는 사항을 비난하지 않고 나의 입장에서 말하므로, 방어를 유발하지 않고 효과적인 대화가 될 수 있는 것이다.

예를 들어 "당신이 오늘도 늦게 와서 내 기분을 망쳤고, 아이들은 당신이 늦게 왔기 때문에 아빠를 기다리다 잠이 들었는데, 당신은 아이들이 불쌍하지도 않아요?"라는 말 대신에 일인칭 대화법은 나를 위주로 하기 때문에 상대방을 결코 비난하지 않는다.

"오늘도 아이들을 씻기고, 당신을 기다렸어요. 당신을 보고 자려고 아이들은 오래 기다리다가 잠이 들었고, 나도 많이 당신을 기다렸어요. 그리고 나의 마음이 많이 아팠어요. 내일은 꼭 일찍 들어오세요."

이렇게 일인칭 대화법을 사용하면 나는 나의 원함을 표현할 수가 있고 상대방은 비난을 듣지 않기 때문에 분노를 예방하며 효과적인 의사소통을 할 수 있다. 특히 사춘기 아이들에게도 효과적인 대화법이 될 수 있다.

자신에게 잊을 수 없는 상처를 주었거나, 지금도 지속적으로 상처를 주는 상대방을 대면, 면책해야 할 경우는 다음과 같은 사항을 참조하여 효과적인 대화를 하는 것이 필요하다.

- 두 사람이 있는 개인적인 자리에서 분노를 표현한다.
- 상대방이 화를 내거나 방어하지 않도록, 상대방의 잘못보다는 상처 입은 감정의 관점에서 말하는 것을 유념하라.
- 논쟁의 초점을 문제의 핵심에만 집중해야 한다. 과거의 불평을 말하지 말고, 분노가 일어나게 한 상황이나 원인을 말한다.
- 상대방이 자기방어 없이 듣고 받아들일 수 있도록, 비판적인 논평일지라도 부드럽고 긍정적인 분위기에서 대화를 시도하라.
- 상대방이 반응을 보일 기회를 허락한다. 상대방의 말에 귀를 기울이고 주의를 집중해서 다른 각도에서 들을 수 있는가를 살핀다.
- 상대방이 화를 내더라도 평온한 분위기를 유지하라. 조용히 천천히 말하며, 상대방이 화를 잠재울 시간을 주는 것이 필요하다.
- 해결이나 화해를 향한 방향으로 나아가는 것을 염두에 둔다. 앞으로의 관계 회복에 대하여 서로의 의견을 나누어 본다.

분노하는 마음의 치유

* 내 안에 징벌 받은 아이가 있음을 알아야 한다.

　다른 사람의 사소한 잘못도 용서하지 못하며, 늘 누군가에게 탓을 돌리고 싶고, 징벌하고 싶은 본능을 가진 어린아이가 내 안에 있음을 자신이 알고, 이를 인정하는 것은 참으로 중요하다. 지속적으로 분노를 일으킬 만한 상황을 접하면서, 그 때마다 분노를 통제하지 못하고, 분노에 휘말리는 자신을 바라보며 내 안의 미성숙함과 조절되지 못함을 깨닫는 것은 치유의 시작이며, 가장 필요한 요소이다.

　곧 어린 시절로 돌아가 자신을 살펴보는 과정이 필요하다. 어린 시절이나 청소년 시기에 칭찬보다는 야단과 벌을 많이 받았는지, 혹은 학대와 처벌을 받아 왔는지를 생각해 보라. 또한 비교당하고 무시당한 적이 많았는지, 부모님의 강압으로 자신을 표현 못하고 늘 순종을 가장하며 지내왔는지 돌이켜 보라.

　그래서 자기 안에 자리 잡고 있는 낮은 자존감과 다른 사람에게 보복하고 싶은 마음과 벌하고 싶은 마음이 있는 것을 알게 된다면 분노에서 벗어나기가 훨씬 용이하게 된다. 내 내면에 있는 원인과 책임의 소재를 알았기 때문이다. 여기에 레스 카터의 학대에 관한 언급을 인용해 본다.

　　만일 당신이 어떠한 형태로든 학대를 받았던 적이 있다면 그것은 가볍게 생각할 일이 아니다. 그것은 양손을 들고 머쓱해 하면서 괜찮다 말하고 넘어가 버릴 수가 없으며, 또한 그 문제에 대해서 한두 번 언급하는 것으로 해결될 수 있는 것도 아니다. 학대를 받았

던 상황들은 공개적으로 시인되어야만 한다. 왜냐하면 그러한 상황들은 주요한 심리학적 관찰과 재구조화를 요구하는 행동 및 정서적 경향성을 일으키기 때문이다.

학대의 문제들이 해결되지 않고 방치되면 우울증, 분노, 불안감 등이 실체로 나타나게 된다. 그러나 학대의 문제가 성공적으로 다루어지면 학대받은 감정으로부터 자유로워져서 정상적이고 감정적으로도 건강한 삶을 살 수 있게 된다. 당신은 학대를 받아 본 적이 있는가? 그것을 공개적으로 인정하는 것을 두려워하지 말기 바란다.

위에서 언급되고 있는 것처럼, 학대와 억울한 일을 당했을 때, 표현되지 못하고 억눌려지면, 원한과 불안한 마음들은 점점 커져갈 수밖에 없다. 또한 자기를 향한 수치심이 생기고, 이러한 감정들은 난폭해지게 된다. 곧 자신의 억울함과 괴로운 마음을 인정하고, 자신을 이해해 줄 수 있는 사람에게 자신의 감정을 드러낼 필요가 있다.

자신이 자주 화를 낸다는 사실과 나도 모르는 분노가 있다는 것을 부정하면 우리는 분노를 적절하게, 건강하게 표현할 수 있는 방법을 배울 수가 없다. 자기가 실제로 느끼는 감정에 정직하고 부인하지 않는 것, 그리고 자신의 불합리하고 분노한 생각들을 인정하며 털어놓을 수 있다면, 이는 분명 치유의 가장 중요한 첫걸음을 내딛는 것이다.

분노의 발생 원인과 전이 감정을 이해하고 과거를 다시 구성한다.

앞에서 언급했듯이 '나는 내가 화를 자주 내고 있다는 사실을 인정한다. 그리고 나는 남들이 아닌, 나 자신을 변화시킬 수 있음을 알고 있다' 라는 것을 인정한다는 것은 실제적으로, 중요한 자신의 발견

이다. 그 다음 단계는 분노의 발생 원인을 알아보아야 한다.

흔히 사람들은 어떤 염려나 개인적인 두려움, 자신의 한계점이나 비합리적인 생각 때문에 분노를 발하면서도 이를 깨닫지 못하고 다른 사람을 탓하거나 상황 자체만을 비난할 때가 많다. 그렇지만, 그들이 설명하는 사람들이나 상황 자체는 그들을 화나게 하는 원인이 아닐 때가 있다. 또한 자신의 어린 시절과 관련이 있는 전이 감정으로 인한 분노의 확산이나 폭발은 그 원인을 이해함으로써 분노에서 일단 벗어날 수가 있다.

전이 감정이란 어린 시절부터 가졌던 감정이 지금까지 전해져서 현재의 삶에 영향을 미치는 감정이다. 예를 들어 어린 시절, 늘 잔소리하고 간섭하는 어머니가 싫어서 괴로웠던 사나이가 결혼을 하게 되었는데, 그 와이프도 역시 잔소리가 있는 사람이었다. 그 아내가 조금만 잔소리를 해도 이 남편은 심한 짜증과 불편함으로, 자신도 모르게 화를 내고 분노를 발하게 된다. 이는 전이 감정에서 오는 것이다.

한편 그 부인은 놀라게 되어 '내가 심하게 잔소리를 한 것도 아닌데 이 사람은 이렇게 화를 내는 것을 보면, 이 사람은 특별히 성질이 나쁘고 맘이 좁은 사람임에 틀림없어' 라고 느끼게 되는 것이다.

그래서 이 두 사람의 사이는 점점 나빠지게 될 수 있다. 이런 경우, 두 사람은 서로를 탐색하고 연구하며, 어린 시절의 이야기를 나누어야 한다. 서로의 어린 시절 이야기를 들어주고 억울했던 마음들을 공감해 주면 좋은 변화를 경험하게 된다. 곧 이런 경우, 서로의 전이 감정을 먼저 이해하는 것이야말로 치유를 시작하는 중요한 요소이다. 바른 원인을 서로 깨닫지 못하면, 지속적으로 다투게 되고, 더

나아가 서로 무시하고 경멸하는 단계로 나아가 파국을 맞을 수도 있기 때문이다.

사실 배우자의 분노 때문에 어려움을 당하는 많은 가정들이 이 전이 감정을 바로 이해하지 못하기 때문에 지속적인 악순환 속에서 나오지 못하는 것도 사실이다.

분노의 원인 중에 간과할 수 없는 또 하나의 사실은 성내기를 잘했던 사람과 가까이 지내왔다는 것이다. 부모나 양육자를 내가 선택할 수 있는 것은 아니지만, 어린 시절, 그리고 성장하는 동안에 분노를 조절하지 못하고 자주 폭발하는 사람과 같이 살아왔던 사실은 지금 나의 조절하기 어려운 분노와 많은 상관이 있다. 곧 좋지 않은 모델을 보며 놀라고, 동시에 학습하며 자라왔기 때문에 나도 그처럼 되어져 버린 것이다.

세계적인 가정 상담가이며 저술가인 노먼 라이트(H. Norman Wright)의 글을 보자.

> 체벌형의 양육방식은 부모가 자녀에게 드러내는 표면적인 분노와 공격을 포함한 여러 가지 방법으로 나타난다. 이것은 종종 강압형과 완전주의형을 합친 형태이다. 부모는 자녀에게 벌을 줄 때 스스로 정당하다고 느끼지만 대개 자녀의 태도, 행동 때문이 아니라 자신의 분노, 좌절, 인내심의 부족 때문에 화를 내고 만다. 이렇게 부모에게 혹독한 취급을 받은 자녀는 벌을 정당화시키거나 혹은 벌을 자초하는 행동에 익숙해진다.

부모로부터 무관심과 혹독한 취급을 받은 자녀는 성인이 된 후에

는 보복하게 되어 피해자에서 가해자로 변하기 쉽다. 대부분 그동안 쌓였던 분노가 안으로 통제가 안 되고 표출될 수가 있는 것이다. 또 체벌하기를 좋아하고 성내기를 잘하는 부모를 늘 봐왔기 때문에 모방 학습이 되어 자신도 모르게 그 행동들은 불시에 나올 수 있게 된다.

성내기를 잘하고 조절을 못하는 사람과 같이 지내는 일은 과거뿐만 아니라, 지금 현재에도 우리의 삶에 막중한 영향을 미친다. 화를 주고받는 상호관계에서, 과격한 감정으로 대하다 보면, 같이 분노의 덫에 빠지기가 쉽기 때문이다.

할 수만 있다면, 분노를 자주 발하는 사람과 사귀는 일은 피하거나, 멀리하는 것이 상책이라고 성경에서도 기록하고 있다. 나도 그 사람에게 감염되어 자신도 모르게 비슷한 행동을 할 수 있기 때문이다.

> "노를 품는 자와 사귀지 말며 울분한 자와 동행하지 말지니 그의 행위를 본받아 네 영혼을 올무에 빠뜨릴까 두려움이니라"(잠 22:24-25).

위의 말씀에서 볼 수 있듯이 '네 영혼을 올무에 빠뜨릴까'는 심각한 사로잡힘을 말하고 있다. 사람은 누군가에게 영향을 받을 수 있으므로 늘 불평하며, 짜증내고, 분노하는 사람과 가깝게 사귄다는 것은 나도 그렇게 될 가능성이 많다는 것이라고 생각해야 한다. 그리고 자주 분노하는 사람 옆에서 나도 그처럼 되어 가고 있는 것이 아닌지를 잘 살펴보아야 한다.

분노와 연결되는 불합리한 생각에 도전하라.

모든 사람들은 자기가 만나는 사람들과 상황들을 판단하고 평가하는 사고방식 곧 신념체계를 갖고 있다. 이 신념체계에 의해서 감정이 변화할 수도 있으며, 행동이 바뀔 수가 있는 것이다. 그러므로 내가 다른 사람보다 분노를 자주 발하는 사람이거나, 분노 때문에 원하는 삶을 영위하지 못하고 있다면, 반드시 자신의 신념체계를 점검해 볼 필요가 있다. 흔히 불합리한 기대나 신념들은 정신적인 오류일 뿐만 아니라 자신의 이익과 편리만을 위하는 것이 되기 때문에 자주 현실과 맞지 않을 때가 있고, 합리적인 일을 받아들일 때에도 때로 방해가 된다.

흔히 사람들이 분노 뒤에 갖고 있는 비합리적인 신념을 알버트 엘리스는 세 가지로 요약하고 있다.

- 나는 내가 하고 있는 일을 잘해야만 한다. 그렇지 못하면 나는 형편없는 사람이다.
- 사람들은 나를 신중하고 친절하게 내가 원하는 대로 잘 대해 주어야만 한다.
- 세상은 공평해야 하고 내가 바라는 것을 얻을 수 있도록 환경을 조성해야만 한다.

이런 불합리한 생각들은 나도 모르게 성장 과정이나 환경 가운데서 흔히 얻을 수 있는 것들이다. 그리고 많은 사람들이 대부분 조금씩은 갖고 있는 신념이다. 그러나 이러한 생각들에 자주 매여 있다면, 지속적으로 억울해 하고 분노할 수밖에 없다. 위의 세 가지 중 한

3장 분노의 이해와 치유

가지라도 뚜렷하게 갖고 있다면, 그 생각으로 인하여 분노는 일어나게 되어 있다. 일단 분노의 감정이 사라지고 나면, 다음과 같은 질문을 던져서 자신의 비합리적인 생각들에 도전해 보라.

- 나는 왜 내가 항상 잘해야 하고 인정을 받아야만 한다고 생각하고 있는가?
  - 나는 못할 수도 있고 잘할 수도 있다.
- 왜 나는 항상 공평한 대우를 받아야 만 하는가?
  - 그렇지 못할 때도 있다. 세상이 항상 공평한 것만은 아니다.
- 내가 이런 대우나 저런 부당함을 유독 참지 못하는 이유는 무엇일까?
  - 같은 환경에서도 잘 참고 견디는 사람도 있다. 나도 가끔은 참고, 넘어갈 수 있다.
- 여기에 대하여 무슨 근거가 있는 것인가?
  - 근거가 없는 막연한 나의 고집이거나 독단일 수가 있으니, 생각해 보자.

자신이 알게 모르게 분노가 일어날 때, 비합리적인 신념을 발견하고 지속적으로 그것에 도전하게 되면, 자신이 그 동안 갖고 있었던 잘못된 습관적인 생각들을 고칠 수가 있다. 뿐만 아니라 삶에 변화가 있게 되고 현실에 대하여 적합한 사고를 할 수 있으므로 분노는 줄어들 수밖에 없다. 생각을 바꾸는 일이 결코 쉬운 일은 아니지만, 효과는 확실하다. 여기에 습관적인 잘못된 생각을 바꿀 수 있는 데에 도움을 주는 '단정짓기'와 '다른 사람의 마음읽기'(독심술)에 대하여 생

각해보자.

단정짓기

정신 의학자인 아론 백(Aron Beck)은 불필요하게 분노를 일으키는 것은 '다른 사람의 행동에 대한 단정' 때문이라고 규정하였다. 흔하게 분노로 가득 찬 자기고백 속에는 '저 사람은 나를 미워하고 모욕하려 한다. 그리고 나에게 해를 입히려고 한다' 라는 단정이 들어 있다는 것이다. 그러나 그 단정이 사실인가를 알아보는 것이 선행되어야 한다.

주위를 살펴보라. 의도적으로 나를 골탕 먹이고 괴롭히려고 하는 사람들은 그렇게 많지 않다. 대부분의 사람들은 자기 자신의 일에 관심이 있고 집중되어 있기 때문에, 타인에게는 무관하기가 쉽다. 실상을 알고 싶을 때는 이렇게 물어보자.

- 그 사실은 혹시 내가 속단한 것은 아닐까?
- 그는 그런 의도가 없었는데 내가 너무 과민하게 받아들인 것일까?
- 그는 사람을 대하는 방식이 원래 그런가? 다른 사람에게도 늘 그러는 것일까?
- 내가 별것도 아닌 일에 너무 흥분한 것이 아닐까?
- 그 사건으로 인하여 내 삶에 큰 피해를 입혔는가? 나의 가정이나 직장에 큰 피해를 주었는가?
- 그와의 관계 개선을 위해 화를 내는 대신, 내가 할 수 있는 일은 무엇일까?

- 그 사람의 행동으로 인해 내가 입은 상처는 영원히 치유될 수 없는 것인가? 아니면 얼마 가지 않아서 그냥 사라질 수 있는 것인가?

단정을 지어 속단하는 것은 비생산적인 분노를 확대시키는 연료와 같은 역할을 한다. 상대방에게 속단하여 이야기하게 되면, 상대방도 당신에게 방어적인 태도를 취하게 되고, 똑같은 반응을 하게 만들어서 관계는 더욱 악화되는 것이다.

마음 읽기(독심술)

우리는 흔히 다른 사람의 마음을 알고 있다고 생각하고, 그 이유 때문에 자신에게 사실과는 다른 지시를 내려 오해를 증폭시키고 또한 분노를 더욱 가중시키기도 한다. 그러나 우리가 신이 아닌 이상 다른 사람의 마음을 다 읽어낼 수도 없으려니와 또한 다른 사람의 동기를 성급히 판단하는 일은 중단하여야 한다. 독심술을 가지고 다른 사람을 판단하기 이전에 걸음을 멈추고, 오히려 그 사람을 그렇게 말하고 행하는 이유를 알아보자. 그리고 내 생각이 정확한 것인지를 따져보고, 확인해 보라.

마음에 있는 원통함을 흘려 보내기

마음에 떠나지 않는 원통함이 있다면, 숨은 과거의 감정을 치유하기가 어렵다. 아직도 내면에서는 계속되는 과거의 경험이 마음을 상하게 하고, 분한 감정을 일으키기 때문이다. 곧 해결되지 않는 원통함을 가지고 있다는 것은 자신 안에 아직도 나를 괴롭히는 내면의 아

이가 있다는 의미이다. 이 원망감이 심한 경우는 자신이 살아야 할 삶을 진정으로 살지 못하고, 삶 전체가 와해되며 거짓의 삶을 살 수 있다.

희의 경우가 그랬다. 늘 그녀의 마음속에는 자신을 무시하고, 야단치며, 언니와 비교하고, 자신에게 필요한 사랑을 주지 못하는 엄마가 있었기 때문에 그녀가 성장하고 결혼한 후에도 그녀는 오해에 얽매이고 원통함을 터트리는 삶을 살게 되었다.

그러나 그녀는 지금의 괴롭고 얽매인 삶이 자신의 잠재의식 속에 묻혀 있는 어머니의 영향이라는 것을 모르고 있었다. 늘 지금의 부족한 환경과 미숙한 남편과 자신의 인내심 부족만을 생각하며 괴로워했다. 그러나 상담을 통해 별 큰 문제가 아닌 것에도 분노하고, 폭발하는 자신의 문제가 어린 시절과 연결된 문제임을 알게 되었고, 많은 시간을 통해 어머니를 용서하면서, 그녀는 안정감과 회복을 찾게 되었다.

그렇다. 어떤 원망으로 가득 찬 감정이나 기억조차도 하기 싫은 갈등의 감정들은 잠재의식 속에 묻혀 있어서, 흔히 우리는 이를 의식하지 못하고 살아가기가 쉽다. 그렇지만 어느 날 비슷한 상황이나 비슷한 사람을 대면했을 때, 예상치도 못하게, 그 감정들과 느낌이 튀어 나오게 되는 것이다. 여기에 나오는 질문들을 통하여 자신에게 있는 내적 감정 가운데에 원통하고 억울하며, 고통스런 감정이 기억 속에 있는 가를 알아보자.

- 그렇게 큰 문제가 아닌 것에도 감정을 폭발시키고 만다.
- 자신에게 가까운 사람들을(배우자, 자녀, 형제) 지배하고 싶어하며, 때로는 적수로 여길 때가 있다.
- 자신이 사랑하는 사람에게도 사납고 악의에 찬 비난의 말을 한다.
- 비판적이며 부정적인 견해가 일반적으로 많다.
- 부모와의 접촉을 즐거워하지 않으며, 피하고 싶어한다.
- 다른 사람과 자신을 비교하며, 소외된 존재라고 느낀다.
- 주위 사람들에게 감정을 자유롭게 표현하는 것이 불편하게 느껴진다.
- 두통, 위통, 불면증 등 신체적 고통을 경험하고 있다.
- 단체에서나, 가정에서 자신이 부당한 대우를 받고 있다고 느낀다.

위의 문항 가운데 몇 가지라도 자신에게서 심각하게 발견된다면, 아직도 자신이 원통한 감정을 지니고 있음을 알아야 한다. 그러나 지금은 이미 해결된 것이 대부분이라면 심각하게 생각할 필요는 없다.

당신의 원통한 감정을 포기하려면 다음과 같은 것을 포기해야 한다.
① 처해 있는 상황이나 어려움에 대해 다른 사람에게 책임을 돌리는 것.
② 스스로를 비하하는 감정
③ 자신의 과거나 다른 사람에 대해 말을 많이 하는 것

원통함을 품는다는 것은 자신의 감정 상태를 다른 사람으로 하여

금 조정하게 내버려 두는 것을 의미한다. 자신이 발휘할 수 있는 능력의 원천을 봉쇄하고 그것을 다른 사람의 권한에 맡겨 버리는 것이다. 왜 그 권한을 다른 사람에게 주는가? 권한을 사람에게 맡기는 대신에 예수 그리스도께 맡겨드리고 그가 삶 가운데 역사하시도록 하라. 특히 원통함을 풀지 않으면 그것이 다른 방법으로 힘을 발휘한다. 아픈 기억들과 쓴 마음을 품고 그것과 싸우는 것은 많은 에너지가 소모된다.

그렇다. '원통함'에 묶여서 사는 삶에는 분노와 고통이 따를 수밖에 없고 그것을 풀어내지 않는 한, 자신과의 싸움과 괴롭힘에서 벗어나기 역시 어려운 일이다.

원통함을 벗어버리고 새사람이 되려면……

과거의 원한이나 원통함을 해결하기 위해 가장 많이 쓰이고 있는, 효과적인 기법은 '상상이나 공상' 기법이다. 지금 자기 앞에 부모님이나 혹은 나를 괴롭혔던 상대가 바로 거기에 있는 것처럼 생각하고 그에게 하고 싶은 말을 구체적으로 하는 것인데, 그 시절 그 때로 돌아가서 그 감정들을 느껴보며 하는 것은 더욱 좋다. 이때, 먼저 기억해 낼 수 있는 상처나 아픔을, 될 수 있는 대로 자세하게 열거하여 써 보는 것이 좋다. 예를 들어 보자.

"당신이 나를 귀찮아하며, 쓰레기처럼 취급했던 일을 혐오한다. 그 사실이 오늘날까지 나를 괴롭히는 것을 생각하면 치가 떨린다. 너무 싫고, 혐오감을 느낀다."

"어린 나를 학대하며, 괴롭혔던 당신을 증오한다. 당신은 정말 나쁜

어른이었다. 아이에게 진정 필요한 것도 주지 못하면서 나를 괴롭히기만 했다."
"당신은 나에게 칭찬이나 격려는 해준 적이 없고, 잔소리와 꾸중으로 늘 대해 주었다. 나는 기쁨을 모르는 아이였고, 억압 속에서 나를 표현할 수가 없었다. 지금도 슬프다.'

구체적이고 자세한 표현일수록 좋다. 이 목록을 작성하면서 감정이 고조되고, 눈물이 흐르고, 화가 치밀어 오르는 것을 느낄 수도 있을 것이다. 노만 라이트의 글을 읽어보자.

이 목록을 쓰기 전이나 쓰는 동안에 하나님께서 숨겨진 깊은 기억의 창고를 열어주셔서 내적인 마음의 그릇이 깨끗이 비워질 수 있게 기도하라. 그러한 과정을 통과하면서 그때의 감정을 내쫓아 버릴 수 있다는 사실에 대해 하나님께 감사하라. 예수 그리스도께서 그 방에 계셔서 당신이 하고 있는 일을 옳다고 인정해 주시며 미소 짓고 계신 것을 보라. 그분은 당신에게 이렇게 말씀하신다.
"나는 네가 정결하게 되며 자유하게 되기를 원한다. 너는 더 이상 너에게 있었던 일 때문에 절름발이와 소경과 벙어리 노릇을 할 필요가 없다."

그렇다. 원통한 감정에서 벗어나 내 마음에 평화를 찾는 것은 해방이며, 자유를 얻는 길이며, 알 수 없는 분노로부터 벗어나는 길이다. 이제 자신이 적은 목록을 보며, 빈 의자나 혹은 다른 물체든 그것을 향해 내가 말하고 싶은 대상이라 여기면서 고백하는 것이다. 필자

는 내담자들이 30분 이상 '빈 의자'를 향해서 일방적으로 소리치고, 자신을 괴롭혔던 사람과 대화하며, 우는 것을 본 적이 여러 번 있었다. 서두르지 않고, 천천히 자기가 쓴 목록을 읽다가, 특별한 장면이 떠오르면 자신이 하고 싶은 말을 그대로 해 보는 것이다. 감정이 생각보다 더 고조되거나 또는 슬픔과 괴로움으로 비통해 할 수도 있다.

그런 다음에는 자기가 말을 듣고 있는 대상이 되어 보자. 그리고 이번에는 긍정적이고 수용적인 느낌을 갖거나 혹은 그 느낌들을 표현해 보라.

"그래, 내가 미안했다. 정말로 잘못했어, 내가 조금만 더 너를 이해하고 관심을 가졌더라면 그런 일은 없었을 텐데, 내 탓이다. 지금부터라도 내가 너를 수용하고 받아 줄게. 이제부터는 우리가 친하게 지내보자."

원통함을 품고 있는 대상이 당신의 말을 실제로 들으면서 수긍하는 자세로 고개를 끄덕이며 당신의 감정을 이해하고 있는 모습을 상상해 보라. 당신은 자신이 매우 강렬한 분노와 우울과 근심 등의 감정에 휘말려 있는 것을 발견하게 될지도 모른다. 당신이 느끼고 있는 그 감정을 상상의 그 사람과 함께 나누라.

그리고 기억하라. 상상의 그 사람만이 현재와 과거의 감정을 모두 나눌 수 있게 허락하는 것이 아니라 예수님도 거기에 계셔서 허락하고 계신다. 만약 당신이 감정적으로 고갈된 느낌을 받는다면 일단 멈춰서 휴식을 취하고 긴장을 푸는 것이 중요하다. 이렇게 해야 하루의 정상적인 일과를 수행할 수 있다. 또 다른 때를 잡아서 당신의 원통한 감정의 목록 나누는 일을 계속해 나가면 될 것이다.

3장 분노의 이해와 치유

필요하다면 이 과정들을 여러 번 경험해도 좋다. 결국은 그 충격적이고 괴로웠던 사건들이 그냥 과거의 역사적 사건으로 남게 됨을 알게 될 것이다. 그러나 한 번의 경험으로도 힘이 들고 감정이 고갈되며 몸이 아프기도 한다면, 다른 방법을 택할 수 있다. 곧 원통함을 품고 있는 대상에게 자기의 충분한 감정을 담아서 편지를 써 보는 일이다. 그 때에도 자신이 느꼈던 감정들을 좀더 구체적으로 표현하고 다시 느껴보는 것이 효과적이다. 편지는 좀더 차분하게 글로써 표현할 수가 있고, 보충이나 첨가를 할 수 있어서 다 쓴 다음에 소리를 내어 읽어 봄으로써 고백하는 것과 같은 효과를 볼 수 있다.

영적인 자원을 활용하여 치유를 경험하라.

분노의 감정을 다스리거나 혹은 분노의 감정에 휩싸이지 않으려고 노력하는 것이 처음에는 쉽지 않다. 또한 노력을 한다 해도 짧은 시일 안에 쉽게 고치기란 더욱 어려운 일이다. 그리스도인이라면 먼저 예배 시간이나 기도 시간 또는 혼자 조용히 앉아 있는 시간을 통하여 사랑과 용서의 하나님을 진정으로 만나야 한다.

제임스 패커(James Packer)는 그의 저서에서 이렇게 쓰고 있다.

 나를 향한 하나님의 사랑이 온전히 실제적임을 알게 될 때 우리는 엄청난 자유를 얻는다. 그 사랑은 모든 면에서 나 자신의 가장 나쁜 면을 미리 아는 데서부터 근거한다. 그렇기 때문에 비록 나는 자신에 대해 너무나 자주 환멸에 빠지곤 하지만 주님은 내게서 그 어떤 추악한 것을 보실지라도 환멸을 갖지 않으신다. 그리고 나를 축복하고자 작정하신 것을 그치지 않으신다……. 주님은 내가 그분

의 친구가 되기 원하시며, 자신이 나의 친구가 되기를 원하신다. 그리고 이 목적을 깨닫게 하기 위해서 그의 아들을 보내시고, 나를 위해 그 분을 죽게 하셨다.

그렇다. 이 경험이 진정으로 이루어진다면 벌써 자신에 대한 자아상이 달라지기 시작한다. 나의 모든 죄과를 용서하시고 무조건적으로 나를 품고 사랑하시는 그 분의 용서와 사랑을 경험하는 일은 또한 우리에게 놀라운 변화를 가져다준다. 나는 필요한 존재이며, 용납되며, 사랑받을 만하며, 기쁨을 나눌 수 있는 충분한 존재라는 정체감을 갖게 된다.

이 과정에서 두려움과 불안은 사라지게 되고, 마음에 흐르는 평화와 기쁨은 삶의 여유를 갖게 하여, 타인들뿐만 아니라 나 자신에게도 관대해지고, 또한 여러 가지 이유로 찾아오는 분노를 버릴 수가 있는 것이다.

"우리가 아직 죄인 되었을 때에 그리스도께서 우리를 위하여 죽으심으로 하나님께서 우리에 대한 자기의 사랑을 확증하셨느니라"(롬 5:8).

"사랑 안에 두려움이 없고 온전한 사랑이 두려움을 내쫓나니 두려움에는 형벌이 있음이라 두려워하는 자는 사랑 안에서 온전히 이루지 못하였느니라"(요일 4:18).

"내가 확신하노니 사망이나 생명이나 천사들이나 권세자들이

나 현재 일이나 장래 일이나 능력이나 높음이나 깊음이나 다른 어떤 피조물이라도 우리를 우리 주 그리스도 예수 안에 있는 하나님의 사랑에서 끊을 수 없으리라"(롬 8:38-39).

위의 말씀처럼, 하나님의 끊을 수 없는 온전한 사랑을 경험하며, 두려움과 불안에서 벗어나 평안과 사랑의 마음을 갖게 되면, 분노로부터 해방되는 변화를 갖게 된다. 그러나 많은 그리스도인들은 이러한 영적인 자원을 갖고 있으면서도 이를 활용하지 못하는 것은 안타까운 일이 아닐 수 없다.

조셉 쿡은 그의 저서 《자유를 누리라》(Free for taking)에서 우리가 하나님의 사랑을 받는 자임을 이렇게 묘사하고 있다.

> 하나님은 나의 죄와 실패, 나의 무능, 무가치함에 의해 돌아서는 법이 없이 나를 사랑하신다는 것은 기독교 메시지의 경이로움이다. 나는 이 두려운 우주를 떠돌아다니는 낯선 나그네가 아니다……. 나는 분노한 신의 불꽃 아래에서 움츠러드는 비참한 범죄자가 아니다. 나는 하나님에 의해 사랑을 받는 자이다.
> 나는 우주의 심장 그 자체를 경험했으며 그 분의 이름이 사랑인 것을 발견했다. 그리고 그 사랑은 내가 하나님의 호감을 얻을 만한 사람이어서가 아니고 자랑할 만한 무엇이 있어서도 아니며 단지 하나님 자신 때문에, 그리고 그리스도께서 나를 위하여 아버지의 이름으로 행하신 일 때문에, 나에게까지 미치게 되었다. 그리고 나는 하나님을 (이에 따라 나 자신에 대해서도) 믿을 수 있게 되었다. 그것은 아버지께로부터 오신 그리스도께서 그분의 가르침, 삶과 죽음, 하

나님과 같은 자신의 인격을 통해서 은혜로 충만하신 분임을 나타내셨기 때문에 가능했다.

또한 분노를 촉발시키는 여러 가지의 사고들은 잠시 멈추고, 위에 있는 말씀처럼 힘이 되는 언어들로 나의 마음을 다스리기 시작하면 분노의 지배로부터 자유함을 얻게 되는 것이다. 찬양을 하면서도 힘 있는 가사를 마음에 묵상하며, 성경 말씀 안에서도 힘이 되고 도움이 되는 말씀을 붙들기 시작하면, 우리는 점진적으로 안정된 마음이나 사고를 갖게 된다.

물론 여기에서도 연습과 인내가 필요하다. 남을 너그럽게 보는 습관, 용서하고 이해하는 습관도 점진적으로 노력하여 얻을 수 있는 것들이다. 분노에 휩싸이기 전에 변화를 시도하고, 이에 익숙해져야 한다. 그리고 나에게 좋은 쪽으로 조금만 변화가 일어나도 나를 칭찬하고 감사하는 것을 잊지 말자. 여러 번의 연습과 인내를 적용하면 반드시 변화는 일어난다.

그 사람이나 상황을 '용서' 하라.

고통스러운 과거에서 벗어나지 못하고 붙잡혀 있는 것이 옳은가? 동일한 옛 상처로 여러 번 반복하여 고통 받는 것이 옳은가? 복수심은 당신의 영혼에 꺼버릴 수 없는 비디오테이프를 설치해 놓는 것이다. 그 테이프는 마음속에서 고통스런 장면을 여러 번 거듭해서 보여주며 돌아간다. 그 테이프는 언제든지 다시 돌아가게끔 당신을 얽매고 있다. 그리고 그 장면이 재연될 때마다 다시금 고통

을 느낀다. 이것이 옳은가?

용서는 고통을 경험했던 기억의 비디오테이프를 돌아가지 못하도록 꺼버리는 것이다. 용서는 당신을 자유하게 한다. 용서는 기억 속에 부당하게 되풀이되는 고통을 중단시키는 유일한 방법이다.

Lewis B. Smedes가 "용서: 과거를 바꾸는 힘(Forgiveness: The Power to Change the Past)"이라는 제목으로 크리스천 잡지에 쓴 글이다. 이 글은 용서하지 못해서 지속적으로 고통과 분노 속에 살고 있는 마음의 상태를 잘 표현해 주고 있다.

용서를 하기 위해서는 분노보다 분노의 근원에 대해 관심을 가져야 한다. 또한 자신에게 잘못한 사람이나 억울했던 상황을 내려놓고 용서하는 것은, 가슴에 품고 있는 파괴적인 분노를 풀어내는 데 있어서 가장 중요한 일 중의 하나이다. 용서는 사람들을 자기 분노로부터 자유하게 하고 더 나아가 무의식적인 결과로 나타나는 죄책감에서 벗어나게 해준다. 그리고 사람들이 과거에의 삶에서 경험한 고통을 잊게 해주고, 분노를 표현하는 방법보다 더 효과적으로 인간관계를 회복시키는 데에 도움을 준다. 그러므로 용서는 관계 회복과 더불어, 먼저 나 자신의 삶을 회복하게 하고, 삶의 희망과 감동을 가지고 살게 하는 것이, 용서의 일차적인 목표이다.

그러나 피해를 입고, 그 당사자를 용서하는 일은 어려운 일이다. 아마도 용서는 사람이 하는 일 가운데 가장 어려우면서도, 동시에 가장 귀한 일일 것이다.

앞에서도 잠깐 언급되었지만, 《닥터, 지저스》, 《남편을 아내의 기도로 돕는다》의 작가인 오마샨 스토미의 고백은 참으로 놀랍다. 그녀는 어머니의 학대 속에서 자라났고, 사춘기에는 극심한 방황을 했다. 마약, 성적 타락, 자살, 점술행위, 절망과 좌절을 반복하며 누군가에게 사랑을 받으려고 혼신을 다했으나, 그 채울 수 없는 부분과 갈등은 늘 그녀를 '자살 충동'으로 이끌었다. 그런데 어느 날 성령의 도우심으로 어머니를 용서하게 되고 난 후부터 놀랍게도 자살 충동이 사라졌을 뿐만 아니라 무기력과 갈등과 불안에서도 해방을 얻었다고, 책에서 고백하고 있다.

그렇다. 용서는 하나님이 주신 놀라운 선물이다. 억압되고 결박된 삶에서 우리를 자유하게 하는 경이로운 도구와 같다.

그리고 참 용서는 피해를 입은 사람에게 오히려 필수적이다. 우선 그 상대방을 용서하기 이전에 내가 누군가를 미워하는 권리도, 분노하고 괴로운 이 마음도 다 내려놓고 모든 것을 하나님께 양도하겠다는 고백을 하는 것은 용서의 시작이다.

곧 나로서는 되지 않기 때문에 모든 권한을 주님께 맡기고, 그 사람을 미워하는 마음도, 이룰 수 없는 어떤 기대도 내려놓게 되면 용서는 훨씬 쉽게 이루어질 수가 있다.

그러나 오랫동안 갖고 있었던 미움의 강력한 감정을 몇 번에 걸쳐 바꾼다는 것은 쉬운 일이 아니다. 그리고 분노와 쓰라린 마음의 상처는 우리를 왜곡된 생각 속에 머물도록 하기 때문에 생각의 변화가 없이는 용서도 어려운 것이다. 그래서 다음의 방법들을 소개한다. 여기의 과정을 통해 용서하는 법을 확실히 배우고 나면, 분노를 이길 수가 있게 된다. 이 과정을 실행하는 것은 분명 어려운 일이지만, 그러

나 확실히 용서하겠다는 원함과 갈망이 있을 시에는 꼭 지속적으로 실천해 보기를 권유한다.

- 실제로 당신이 상처를 받았다는 사실을 인정하고 그 상처에 대해서 나와 상대방이 어떤 책임이 있는가를 점검하라. 구체적으로 점검한다.
- 당신에게 상처를 입힌 상대방을 용서할 수 있도록 하나님께서 도와주실 것을 진실하고 간절한 마음으로 기도하라.
- 만일에 상대방에게 상처를 주거나 보복하는 행위가 지금도 있다면 즉각 중단하라.
- 지금도 억울한 심정을 주님께 토로하고, 나를 용서하신 주님을 늘 묵상한다.
- 당신에게 상처를 준 그 사람을 위해 기도하면서 그 사람을 용서하라. 반복적으로, 의지적으로, 진심으로 말이다.
- 상대방을 만나서 갈등이 진행되는 동안에 당신이 잘못한 일이 있다면 용서를 구하라.
- 받은 상처가 깊고 분노가 강력할 경우에는 적당한 시간을 택하여 당사자에게 상처받은 일을 자세히 설명하고, 용서하는 태도를 보여주라. 서로가 차분하게 이야기가 통할 수 있는 사람인지 알아 보아야 한다.

용서해 줄 것을 제안하는 것은 상처를 입힌 사람뿐만 아니라 상처를 입은 사람에게도 대단히 중요한 일이다. 이는 상처를 입은 사람에게는 더욱 의미있는 일이다. 비록 상처를 입힌 사람이 회개하지 않는

태도를 보일 경우에도 할 수만 있다면 용서해 줄 필요가 있다. 왜냐하면 상처받은 본인이라도 분노의 사슬에서 벗어날 필요가 있기 때문이다.

그러나 정작 용서를 하는 데에 시간과 피나는 노력이 필요하다는 것을 인정해야 한다. 특히 심리적으로 입은 상처와 고통이 극심한 경우는 용서가 불가능하다고 느낄 수 있기 때문이다. 가령 성폭행을 당했다거나, 극심한 피해를 지속적으로 당한 경우, 용서란 정말 어렵다.

그렇다. 하나님의 도우심 없이 인간의 본성으로는 도저히 용서가 불가능하다고 할 수 있다. 그래서 미워하는 권한까지도 먼저 하나님께 내려놓는 '맡김'이 필요한 것이다. 씨맨즈 목사가 그의 책 《상한 감정과 억압된 기억의 치유》에서 쓴 글을 읽어보자.

> 용서는 자주 되풀이되어야 한다. 옛 분노와 씨름할 때 하나님에게는 온전히 정직한 것이 훨씬 낫다. 우리가 그것들을 포기할 수 없고 감정을 바꾸는 것이 불가능하다고 솔직히 말하는 것이 낫다. 솔직히 나는 우리가 우리의 감정을 바꿀 수 있는지 확신하지 못한다. 우리가 할 수 있는 것은 우리가 이것을 인정한 후 하나님께 바꾸어 주시도록 기꺼이 그에게 우리의 의지를 드리는 것이다.

이런 경우에 우리의 기도는 이래야 할 것이다.

"주님, 나의 분노와 증오의 감정으로 인해 죄송하지만 그것들을 바꿀 수 없는 것 같습니다. 그래서 당신께서 그것들을 바꾸어 주시도록 드립니다. 더 이상 분노하지 않겠습니다. 그러나 감정이 되살아날 때 그것들을 당신께 계속 인계하겠습니다. 이런 감정들을 계속 갖고 싶지 않습니다……."

우리가 이렇게 하고 더 이상 분노하지 않겠다고 계속 결단할 때, 하나님이 얼마나 빨리 우리의 감정을 변화시키는지 놀라게 된다.

성경에 나오는 요셉의 경우도 형들을 미워하고 하나님을 원망해야 할 이유가 충분히 있었다. 어린 나이에 노예로 팔려가서, 타국의 감옥에 갇히기도 했던 그 현실은 실로 끔찍하고 무서운 트라우마 같은 것들이었다. 그러나 놀랍게도 요셉은 증오와 분개로 사로잡힌 사람이 아니었다. 그 반대로, 그는 그 어려운 상황에서도 하나님과 끊임없이 교제하였고, 자신의 상황을 최대로 활용하는 지혜의 사람이었다. 이미 자신에게 일어난 일을 수용했고, 가해자들(형들)에 대해서도 긍정적인 감정과 사고를 가진 것이었다. 이것은 하나님과의 끊임없는 교제를 통해서, 그가 얻을 수 있는 아름다운 열매였다.

요셉의 용서는 인간이 할 수 있는 참용서의 본보기가 된다. 훗날 그가 자기의 형제들을 만나게 되었을 때, 그에게는 기쁨과 동정의 눈물이 흘러 넘쳤다. 실로 그 긴 시간 형제들이 보고 싶고 그리워서 표현 못했던 슬픔을, 자신의 종이나 하인들 모르게 요셉은 골방에 들어가 혼자서 통곡을 하는 장면에서 우리는 알 수가 있다.

누군가를 미워하여 증오심과 분노에 사로잡혀 있는 사람들에게도 이러한 자유를 얻는 것이 필요하다. 먼저 분노를 해결하고 용서를 향해 갈 수 있도록 자신에게 시간을 주어야 한다. 곧 자신을 방어하기 위해 분노와 증오심을 사용하는 대신에, 자신의 가치감을 잃지 않고 내가 주님 안에서 얼마나 귀중한 존재인가를 확인하며 마음을 다스려야 한다. 요셉처럼 자신의 상황을 활용하며, 자기 자신을 위해서라도 증오와 분노를 내려놓고 기쁨과 자유를 회복해야 한다.

스메데스(Smedes)는 그의 저서, 《용서와 망각》(Forgive and Forgot)에서 이렇게 말하고 있다.

> 당신에게 상처를 입힌 사람을 용서하는 것은 자신의 영혼 깊숙이 영적인 수술을 감행하는 것이다. 당신에게 행해졌던 잘못된 것을 베어내 버리므로, 당신의 영혼을 치유할 수 있는 새로운 눈을 통해서 당신의 '대적'을 볼 수 있다. 상처로부터 그 사람을 제거해 버리고 그를 놓아주라. 마치 어린 아이들이 손을 펴서 손에 잡혀 있던 나비를 날려 보내는 것같이 말이다.
> 그 다음에 당신의 마음속에 그 사람을 다시 새롭게 맞아들이라. 당신의 삶 가운데 역사의 한 부분이 지워지고, 당신의 기억을 지배하던 힘이 깨어진 상태에서 다시 새롭게 말이다. 방향을 돌이킬 수 없을 것같이 보이는 당신 안에 흐르는 고통의 물줄기를 거슬러 흐르게 하라.

그렇다. 자신의 마음속에 미워했던 사람을 새로운 눈으로 바라보며 이해하는 것은 나를 또한 성숙하게 한다. 나를 그 모습 그대로 받아주시고, 용서하시고 사랑하신 주님을 바라보자.

'진정한 용서'를 보여주는 아름다운 이야기: 다이엔의 이야기

(그녀의 어머니가 쓴 이야기)

> 슬픔을 표현하는 정도는 사람마다 다르다. 남편과 나의 경우도 예외가 아니었다. 나는 모든 감정을 억누른 채 살아가는 남편을

이해하기 어려웠다. 전에 나는 남편에게 "당신은 고통을 느끼지 않나요?"라고 물었다.

"나는 고통을 느끼고 싶지 않다"라고 남편은 말했다.

나는 남편이 어떻게 고통의 감정을 깊이 묻어 둔 채 아무렇지도 않듯이 일상생활을 할 수 있는지 이해할 수 없었다. 하지만 시간이 지나면서 그로 인한 폐해가 서서히 드러나기 시작했다.

남편은 자신을 탓했다.

"다이엔의 죽음을 왜 당신 탓으로 생각하세요?"라고 나는 남편에게 물었다.

"내 믿음이 충분했더라면 다이엔을 구할 수 있었을 거야"라고 남편은 대답했다.

사실 남편은 화장터에서까지도 다이엔의 시신에 손을 얹고 다시 살리려 했다. 나는 그런 남편을 보며 '저것이 믿음이 아니면 무엇이 믿음이란 말인가?'라는 생각이 들었다.

예감은 종종 현실로 변한다. 물론 예감이 현실을 만드는 것은 아니지만 그렇게 될 때가 적지 않다. 나는 종교적인 사람이 아니라 믿음의 사람이다. 눈에 보이는 것은 중요하지 않다. 나는 내 마음이 사실로 느끼는 것을 믿는다.

다이엔이 암에 걸렸다는 사실이 밝혀졌을 때 나는 간절히 하나님께 매달렸다. 어느 날, 나는 밖에 나가 빨랫줄에 세탁물을 널면서 하나님과 마음의 대화를 나누었다. 나는 앞으로의 일이 두려워서 눈물을 흘렸다. 그리고 어린아이가 아버지의 도움을 구하는 것처럼 울부짖었다. 나는 하나님이 다이엔의 목숨을 구해주시기를 원하면서도, 다이엔을 구해주시지 않아 이해할 수 없는 혼돈에 빠지게 되더

라도 믿음을 잃지 않게 해 달라고 기도했다. 그래야만 사망의 그늘 속에서 고통 받지 않을 것 같은 생각이 들었기 때문이다.

나중에 다시 나는 하나님께 이렇게 기도했다.

"딸아이를 고쳐주지 않는 것이 주님의 뜻이라는 생각이 듭니다. 기왕에 거두시려면 속히 거두소서."

하나님은 은혜를 베푸셨다. 나는 다이엔이 죽음을 두려워하지 않는다고 생각했다. 사실 다이엔은 자신의 죽음보다 다른 사람이 더 고통받는 것을 더 염려했다.

하나님은 다이엔을 받아주셨다. 나는 하나님이 다이엔의 죽음에 책임이 있다고 생각하지 않는다. 또한 다이엔의 죽음은 마귀와도 관련이 없다. 다이엔은 하나님의 사람이다. 마귀는 다이엔에게 아무런 영향도 미칠 수 없다. 마귀는 하나님께 속한 자들을 해칠 수 없다. 하지만 신자가 하나님의 권능을 의지하지 않으면 마귀가 활동할 수 있는 빌미를 제공하게 된다.

인생은 믿음과 신비와 모험의 길이다. 인생은 하나님을 발견하고, 하나님과 우리 자신과 다른 사람을 사랑하는 법을 배우며, 우리의 참된 정체성을 회복할 수 있는 기회를 제공한다. 이 점을 깨닫지 못하는 잘못은 우리에게 있다. 그것은 곧 우리가 연약하고 무지한 탓이다.

나는 무슨 일이 있든지 다른 사람을 탓하지 않는다. 나는 모든 것을 용서한다. 용서는 무분별한 사면도 아니고, 무조건적 용납도 아니다. 용서는 죄를 지은 사람의 책임을 면제하는 것과는 거리가 멀다. 나는 어릴 적에 다이엔과 다이엔의 사촌을 괴롭혔던 사람을 용서할 수 있다. 하지만 그의 죄를 사면해 주는 것은 하나님의 소관이다.

3장 분노의 이해와 치유

용서는 가해자의 잘못을 바로잡는 것과는 아무런 상관이 없다. 다만 용서는 나를 자유롭게 해준다.

나는 다이엔의 죽음을 하나님의 탓으로 돌리지 않는다. 다이엔의 죽음은 내가 알 수 없는 상황 탓이다. 어쩌면 선교여행을 갔을 때 해충에게 물렸기 때문이거나 유해한 환경에 노출되었기 때문일 수도 있다. 아니면 다이엔의 육체가 스트레스를 견디지 못한 탓일 수도 있다. 정확한 이유는 알 수 없지만 아무튼 나는 마음의 평화를 얻었다.

그러면 나는 그 모든 고통을 어떻게 이겨 낼 수 있었을까? 매순간 나의 고통을 하나님께 토로했다. 혹독한 고통이 잦아들기까지는 5년이라는 세월이 필요했다. 하지만 고통을 통해 내가 오랫동안 생각해 오던 문제들에 대한 해답을 발견했다. 하나님은 다이엔을 회복시켜 많은 역사를 이루실 수도 있었다. 그러나 그분은 다이엔의 죽음을 통해 오히려 나에게 많은 축복을 베푸셨다. 참으로 감사한 일이다. 하나님의 자녀에게 죽음은 멸망이 아닌 영생에 이르는 문이다.

죽음은 일종의 모닝콜이었다. 죽음은 세상에서 진정으로 중요한 것이 무엇인지를 발견할 수 있는 기회이자 사소한 것 하나라도 소중하게 여길 수 있는 마음을 갖게 해준다. 다이앤의 죽음은 나를 해방시켰다.

처음에는 지옥과 같은 고통이었다. 다이엔의 죽음은 우리에게 깊은 상처를 남겼다. 하지만 우리는 그 고통을 극복했다. 이제 우리가 받은 위로로 다른 사람들을 위로하게 되었다. 말은 사람을 변화시키지 못한다. 상투적인 말은 물론이고 가장 종교적인 의미조차도 마

음을 변화시키기에는 역부족이다. 마음을 변화시킬 수 있는 것은 오직 사랑뿐이다.

죽음은 끝도 아니고, 부족한 믿음에 대한 징벌도 아니다. 다이엔은 하늘나라에 있다. 그것이 내가 알고 있는 전부다. 언젠가 나는 다이엔을 보게 될 것이다. 그때까지 그녀가 남기고 간 삶의 열매를 기쁘게 생각하고, 하나님이 나의 삶에 허락해 주신 모든 사람을 사랑하며 살아갈 것이다.

* 서로 나누기

1. 내가 어린 시절, 나의 의사를 표현할 때, 어떻게 표현을 했나? 서로 자신의 모습을 나누어 보자.

2. 부모님의 사랑이나 칭찬을 얻기 위해 우리는 어떤 아이로 살아왔는가?
   (예, 착한 아이, 수동적인 아이, 적극적으로 행동하는 아이 등등)

3. 내가 겪었던 좌절감과 죄책감, 거절과 상처는 무엇이었나? 구체적으로 나누어 보자.
   (유년기, 학령기, 청소년기, 청년기로 나누어 한 가지씩 나누기)

4. 분노의 회피가 분노를 과도하게 표출한 것만큼 좋지 않은 이유는 무엇인가?

5. 수동적 공격형에 대해서 느끼고 있는 점과 개선방향은 무엇인가?

6. 분노의 적절한 표현과 건강한 대면은 어떻게 해야 하는가? 쉽게 사용할 수 있는 것들을 예를 들어 서로 나누어 보자.

7. '전이 감정'은 무엇이며, 우리의 가까운 실생활에서 찾을 수 있는 것은 무엇인가?
(특히 나만이 느끼는 전이 감정이 있나 서로 나누어 보자.)

8. 자신이 갖고 있다고 생각되는 불합리한 생각 중 2가지씩만 나누어 보자. 화자와 청자로 나누어 합리적인 생각으로 바꾸어 보자.

9. 마음에 원통함이나 억울한 것이 있다면, 부담이 가지 않는 범위 안에서 서로 나누어 보자. (공개하고 싶지 않는 것은 나누지 않는다.)

10. 성경 말씀이나 음악, 복음 성가를 통해 힘을 얻었던 경험을 나누어 보자.

11. 용서와 화해에 대해 자신이 진솔하게 느끼는 점을 나누어 보고, 성경의 인물과 비교하여 본받을 점을 발견하여 나누어 보자.

12. '진정한 용서를 보여준 아름다운 이야기'를 통하여 느낀 점이나 감동으로 다가오는 이야기를 서로 나누어 보자.

* **Notes (주)**

3장

1. 윌리엄 바커스, 《부정적 감정을 치유하는 자기고백》, 예찬사, 1998, p. 128.
2. 마크 코스그로브, 《분노와 적대감》, 도서출판 두란노, 1996, p. 84.
3. Les Carter, Frank Minirth, *The Freedom from depression*, Thomas Nelson Publishers, 1996, p. 104.
4. H. Norman Wright, *Your Tomorrow can be different from Your Yesterday*, p. 127.
5-1. H. Norman Wright, *Making Peace with Your Past*, p. 91.
5-2. *Ibid*, p. 92.
6. James Packer, *Knowing God*, Downers Grove 1973, p. 32.
7. Joseph, Cooke, *Free for Taking*, Old Tappen, p. 29.
8. Lewis B. Smedes, *The Power to change, Forgiveness*, Christianity Today, 7, p. 26.
9. 데이빗 씨멘즈, 《억압된 기억의 치유》, 죠이선교회출판부 p. 53.
10. Smedes, *Forgive and Forgot*, p. 37.
11. 오스 힐먼, 《하나님의 터치》, 규장, 2012, p. 172.

4장 불안의 이해와 치유

/ 불안에 대한 실험

/ 불안이란?

/ 불안의 종류와 그 사례들

/ 불안한 마음의 원인들

/ 불안한 마음의 증상들

/ 불안한 마음의 치유

4장 불안의 이해와 치유

불안에 대한 실험

1950년대의 실험 심리학자는 동물 실험을 통해서 대개의 다른 것들과는 달리, 불안을 없애기 위해 아무리 여러 가지의 노력을 시도해도 없어지지 않는다는 사실을 발견하고는 매우 당황했다. 그래서 이들은 노출과 반응 예방이라고 불리는 아주 중요한 원리를 발견했다.

그들은 다음과 같은 작업을 했다. 그들은 개를 상자 안에 가두어 두고, 개의 눈앞에 강한 빛을 비추면서 발에는 전기 충격을 가했다. 무슨 일이 일어났겠는가? 그 개는 발작을 일으키며 상자에서 뛰쳐나갔다. 이런 일을 여러 차례 반복하자 그 개는 전류가 흐르지 않아도 빛만 비추면 그 상자에서 뛰쳐 나갔다. 다시는 전기 충격을 가하지 않았지만 수백 번을 비추어도 마찬가지였다. 전기 충격은 없었지만 그 개는 불안을 극복하지 못했다.

왜 그 개는 세월이 많이 지나가도 불안이 전혀 줄어들지 않았을까? 왜 전기가 전혀 흐르지 않는 상자에 편안히 머물지 못했을까? 그 개는 이미 도피와 회피의 반응에 익숙해져 있기 때문에 상자에 머무를 수 없었던 것이다. 빛을 비추어도 조금만 더 머물러 있었더라면 그곳이 매우 안전하다는 사실을 알 수 있었겠지만, 도피와 회피에 익숙해진 개는 즉시 뛰쳐나갔기 때문에 그 상자가 안전하다는 사실을 전혀 알 수가 없었다.

학자들은 이 개에게 노출과 반응 예방의 원리를 적용하면 어떻게 될지 관찰하기로 했다. 그래서 그들은 어떠한 경우에도 뛰어 나갈 수

없도록 상자의 뚜껑을 막아버렸다. 그리고 전기 충격은 주지 않는 채로 빛만을 비추었다. 이 실험을 여러 차례 반복한 후에 그들은 뚜껑을 열었다. 이제 그 개는 빛을 비추어도 전혀 뛰쳐나갈 기미도 보이지 않았다. 불안은 이제 과거의 일이 되었다. 노출과 반응 예방의 원리를 적용하면서 그 개는 빛을 비춰도 불안할 필요가 없다는 것을 터득하게 된 것이다.

위의 이야기는 의식적이든 조건 반사적이든 불안은 사람들에게 상황을 회피하도록 만들고, 또한 어떤 불안에 압도하게 되면 불안을 일으키는 상황, 사람, 장소, 생각을 피하고야 마는 성향을 개의 실험을 통하여 설명하고 있다. 불안을 회피하기 전에, 먼저 자신이 불안을 잘 이해하고 대처할 수 있다는 '확신을 갖는 것'이 중요하다. 불안은 의외로 다른 증상들보다 쉽게 변화될 수 있는데, 그것은 먼저 우리에게 있는 불안에 대해서 잘 이해하며 파악하는 것이 중요하다.

불안이란?

불안은 누구에게나 있을 수 있다. 그래서 마음이 흔들리고 걱정을 한다. 때로는 기분이 좋지 않고 긴장이 될 때도 있다. 그러나 여기에서 말하는 불안은 그 정도의 것을 언급하려고 하는 것은 아니다. 어떤 때는 사람들 마음속에 어떤 부적절한 두려움이 자주 들어와, 그것 때문에 마음에 평안이 없고, 관계 속에서 고통을 느낄 때가 있다. 다른 말로 해서, 불안이란 우리가 미래에 받고 겪을지도 모르는 상처, 고통, 상실, 괴로움, 난처함, 불편함 따위를 당할지도 모른다는 두려

움이다.

사람의 내면에는 자아를 지탱하는 의지나 열정이나 여러 가지 핵심들이 있다. 그런데 지속적인 부담이나 실패, 좌절, 거절 등이 엄습하게 되면, 그들 내면에 있는 의지나 열정들이 무너져 내리게 되고, 이때 사람들은 심한 두려움을 느끼는 것이다. 또한 불안은 우리의 생각 뒤에 도사리고 앉아서 삶에 대한 우리의 대응 방식을 혼란스럽게 만들고, 하나님께서 우리를 통해 역사하시는 것을 제한하고 방해하기도 한다.

위의 예화는 의식적이든 무의식적이든 불안은 항상 우리로 하여금 회피하도록 한다는 것을 보여주고 있다. 그렇다. 어떤 불안에 압도당하게 되면 사람들은 특별한 방책이 없는 한 그 불안함을 일으키는 상황, 장소, 사람, 생각으로부터 무조건 피하려고 하는 경향이 있다. 그러나 위의 실험에서 보여준 것처럼, 불안을 극복하기 위해서는 무조건의 회피 대신에 좀더 적극적인 대처 방안을 취해야 함을 알 수가 있다.

먼저 아래의 예를 읽어보고 자신과 관계있는 것들에 표시해 보자. 꼭 현재에만 국한시키지 말고, 현재나 과거라도 가졌던 느낌이라고 생각되면 표시하라.

(　　) 1. 나는 모든 일이 잘못 될까 바서 걱정된다.
(　　) 2. 나는 모든 것을 완벽하게 하고 싶다.
(　　) 3. 나는 화가 나면 견딜 수 없다.
(　　) 4. 주변 사람들이 반대하면 뭔가 일이 잘못될 것 같다.
(　　) 5. 누군가 나를 싫어하면 견딜 수 없다.

(　　) 6. 일이 무엇인가 잘못되면, 그 일을 잘 처리해 내야만 한다.
(　　) 7. 일이 잘 진행되면, 언제 잘못될지 몰라 불안하다.
(　　) 8. 나는 대립이나 충돌을 피한다. 뒤로 미루어 버린다.
(　　) 9. 나의 실수를 용납할 수 없다.
(　　) 10. 나는 나를 힘들게 하는 일을 피한다.
(　　) 11. 나는 어떤 모험도 피한다.
(　　) 12. 나는 내가 어떤 일을 직접 하기보다는 하나님께 맡기고만 싶다.
(　　) 13. 나는 일이 순간적으로 잘 못 되면 그것이 끝까지 지속될 것 같아 두렵다.
(　　) 14. 내 자신에 대해서 걱정이 너무 많다.
(　　) 15. 자제하는 것이 너무 힘들다.
(　　) 16. 좀처럼 기회를 잡기 힘들다.
(　　) 17. 내가 실수한다는 것은 중요한 비극이다.
(　　) 18. 완벽하지 못하면 나는 실수한 것이다.
(　　) 19. 내 본분만 다하면 주님은 나를 사랑하신다.
(　　) 20. 나도 예수님처럼 다른 사람들을 먼저 생각해야 하며, 내가 하고 싶은 일이나 필요한 일을 주장해서는 안 된다.

몇 개의 문항을 표시했는지 살펴보고 아래의 해석을 참조하라.

• **낮음 (0-4)** : 이처럼 낮은 점수는 불안에서 자유하고 있음을 말한다. 자신이 방어 없이 솔직하게 체크를 했는가를 살펴보고, 그랬다면 불안이 자신을 압박하는

요인은 없다고 본다.
- **보통 (5-9)** : 이 정도까지는 흔히 표시할 수 있는 정도이지만, 한 몇 개라도 심각하게 한다거나, 반복적으로 심하게 사로 잡혀 있다면, 불안증을 의심할 수 있다.
- **높음 (10-15)** : 이 범위에 속하는 사람들은 불안과 관계가 있다. 자신의 생각, 감정, 반응이 잘못된 곳에 뿌리를 내리고 있다고 볼 수 있다. 그러나 극복하는 방법을 배우게 되면 상당한 치유효과를 볼 수 있다.
- **매우 높음 (16-20)** : 아주 심각한 감정적 혼란을 겪고 있다. 체크된 설문들은 당신의 태도와 행동을 지배하는 잘못된 생각들이다. 이런 잘못된 생각을 인식하고, 자신에게 그 잘못을 고백하는 법을 배우는 것은 당신의 인생에 큰 변화를 가져오게 된다.

불안의 종류와 그 사례들

이 여사(45세)는 병원에서 간호사로 오랫동안 일을 해왔다. 남들이 보기에는 직장에서나 교회에서도 특별한 스트레스가 있는 것 같지는 않았고, 비교적 신앙생활도 열심히 하는 편이었다. 그런데 벌써 2년 전부터 심장 두근거림, 가슴 압박감과 두근거림, 발한, 소화불량, 근육 긴장 등 신체적 증상에 시달려 왔다. 이런 증상들은 보통 새벽이나 아침에 잠에서 깬 직후에 시작되었다. 그리고 가족이나 주위 사람

들도 그녀가 너무 쉽게 놀라고 걱정을 많이 한다는 사실을 알고 있었다. 남편이 직장에서 조금만 늦게 퇴근을 해도 직장에 전화를 하거나, 핸드폰을 지속적으로 걸면서 혹시 사고가 났는지를 확인하곤 했다. 또한 비교적 건강한 두 자녀들에게도 아프지 않은가를 자주 묻고 줄곧 추궁을 했다.

한번은 가족여행을 계획했다가 비행기 사고를 걱정하여 취소한 일까지 있었다. 결국 그녀는 걱정이 너무 많이 생기는 불안을 줄이는 행동치료를 받게 되었다. 그 과정을 통해 그녀는 늘 안전점검을 하는 습관을 내려놓는 연습을 하였다. 몇 개월의 꾸준한 치료를 거친 후에 그녀는 안정을 되찾게 되었고 전화로 계속 확인하는 일은 현저히 줄어들었다. 신앙생활도 더욱 나아지게 되었고 무엇보다도 신체적인 증상들이 많이 줄어들었다. 그러나 여전히 조심성이 많고 인내하는 데는 어려워했지만, 예전보다는 여유가 있고 삶을 즐기는 모습을 볼 수가 있었다.

위의 예처럼, 산더미처럼 많은 불안을 안고 사는 사람들은 불안으로 인한 신체적인 증세에 시달린다. 안에서는 불안, 염려와 걱정, 두려움이 많고, 신체적으로는 떨림, 어지럼증, 심박수 증가 등이 나타나고 늘 초조하고, 신경과민, 집중력 저하, 수면장애 등에 시달린다. 또한 불안으로 고생하는 대부분의 사람들이 동시에 우울을 동반하고 있다. 우울과 불안을 구별하는 것은 쉽지 않다. 왜냐하면 대개의 경우 두 가지는 동시에 일어나기 때문이다. 어떤 사람은 불안이 오래 지속되기 때문에 우울해진다. 또한 어떤 때는 무엇 때문에 불안한지를 모를 때가 있으며, 실제 위험에 대해서도 과도하게 걱정한다. 이

런 불안이 과도하다는 것을 자신이 알면서도 어쩔 수가 없는 것이다.

김명식은 대학교 졸업반 학생이다. 그는 다른 사람들이 자신을 비판할까 두려워한다. 특히 자신이 주인공이 되어야 하는 일이 생기면 더욱 불안하고 초조했다. 이런 문제는 중학교 2학년 때부터 구체적으로 생기기 시작했는데, 특별히 여러 사람 앞에서 무엇을 발표하거나 토론을 해야 할 때는 심한 당혹감을 느끼곤 하였다.

그런데 최근에 와서는 취업문제로 걱정을 해서 그런지 상태가 더욱 심해졌다. 사람을 만나면 불안하고 불편하며 자신도 모르게 손과 발이 떨렸다. 그리고 때때로 구토가 올라오려고 한다. 상대방이 말을 걸어올 때 자주 무슨 말을 해야 할지 생각이 나지 않으며, 주위를 너무 많이 의식하고 있기 때문에 생각을 가지고 있어도 표현하려고 하면 머뭇거려졌다. 그래서 자신은 항상 부족하다고 느꼈고, 나이가 자신보다 어린 사람을 보아도 열등감을 느꼈다. 그러면서도 동시에 남들에게 잘 보이려고 주변 사람들의 눈치를 많이 보게 되었다.

어린 시절을 생각해 보면, 아버지가 싫었다. 아버지는 고집이 세고 무서웠다. 말도 없고 명령만 하는 사람이었다. 화가 나면 그 분노를 참지 못하고 주위 사람을 많이 괴롭혀서, 자신도 어릴 적에는 많이 맞기도 했다. 평소에 자신은 많이 맞아서 숫기가 없다고 느낀다. 아니, 이 모든 것이 아버지 때문이라고 생각하기도 한다. 방학이 되어도 집에 잘 가지 않는 이유는 집에 가도 재미가 없고 자주 싸움만 하는 부모의 모습이 너무 싫어서였다.

얼마 전에는 여자 친구와도 헤어졌다. 커피를 마실 때면 잔을 든 손이 떨리는 것처럼 느껴져 불안하기 때문에 커피 잔을 꼭 붙들다가 실수를 한 적이 있었다. 그 뒤로는 무엇인가 잘못하거나 창피한 행동

을 할까 두려워 여러 번 약속을 했다가 이쪽에서 먼저 그 약속을 취소하고 말았다. 너무 자신이 외롭기 때문에 다른 여자 친구를 만나려고도 생각해 보았지만, 지나친 소심함 때문에 모든 것이 쉽지가 않았다.

위의 사례는 사회적인 불안을 느끼는 한 대학생의 예로서, 이 불안은 극심한 수줍음에서 왔음을 알 수 있다. 다른 사람들이 자신을 관찰하거나 비판적으로 보고 있다고 느끼는 상황에서 불안을 느낀다. 그는 다른 사람에게 말을 걸거나, 관공서나 병원에 갈 때, 타인이 보고 있는 자리에서 전화를 걸 때, 토론이나 논쟁에서 다른 사람에게 맞설 때에, 사람들 앞에서 노래를 하거나 발표를 할 때에 느끼는 두려움이 매우 컸다. 애인을 사귀는 일에 있어서도 극단적으로 자신감이 없다. 데이트를 하면, 사소한 일에 있어서도 그르칠 것을 걱정한다. 자신에 대해 나쁜 견해를 지니고 있기 때문에 스스로 따분하고 매력이 없다고 느낀다. 카리스마도 없으며, 말도 못하고, 재미없는 사람이라 느끼기에 누군가가 자기를 흠뻑 사랑하는 것을 상상할 수가 없다.

이러한 사람들은 자신이 실제로 남보다 못하고, 능력과 재주가 없고 따분해서 그렇게 느끼는 것은 아니다. 사실 어떤 사람은 실제로 이력이 화려하고 능력과 재주가 많으며, 여러 면에 있어서 뛰어난 사람인데도, '다른 사람들이 늘 나를 경멸하고 있다'고 끊임없이 스스로에게 말하고 있는 것이다. 길거리에서도 낯선 사람들이 '자기를 관찰하고 있다'고 느끼며, 파티를 비롯한 모임을 회피하게 되는 것이다. 사실상, 이런 사람들은 자신의 내면에 있는 잘못된 자기와의 대화를 고쳐야만 한다.

그 외에도 이 불안과 관계되는 증상은 공황장애와 광장공포증, 단순불안 장애, 일반화된 불안 장애 등등이 있는데 이들은 모두 자연스러운 두려움이나 불안이 과도하게 나타나는 것이다. 우리들의 주위에서 불안으로 어려움을 당하고 있는 사람들은 의외로 많다. 요사이 연예인들 사이에서 그리고 유명인사들 가운데서 매스컴을 통해 자주 나타나고 있는 공황장애의 예를 들어보자.

최 목사는 바쁜 일정 속에서 열심히 살아가는 개척교회의 40대 후반의 목사이다. 아침에 아들을 차로 태워다 주고 교회 옆에 주차를 하고 들어가는 길이었다. 별안간 심장을 찌르는 느낌 때문에 가슴을 움켜쥐었다. 누군가가 끈으로 천천히 목을 조르는 듯한 느낌을 받았다.
아무리 빠르게 숨을 쉬어도 공기는 들여 마실 수가 없고 질식감을 느꼈다. 심장이 쿵쿵 뛰는가 싶더니 몸 왼쪽과 얼굴에 감각이 없어진다. 머리에는 불안한 상념들이 지나가고 자신도 모르게 옆에 있는 교회 가로등을 붙들었다. '오늘은 반드시 병원에 가서 진단을 받아야지'라고 생각하며 동네 가까이에 있는 병원에 가려고 했으나, 어지럼증을 느꼈다. '이러다가 쓰러지고 말지' 생각을 하며 또 심호흡을 했다.

다행히 쓰러지지는 않았다. 몇 달 전에도 진단을 받았지만, 몸에는 아무 이상이 없다고 했다. '아냐, 틀림없이 내 몸에 이상이 생긴 게 틀림없어' 라고 그는 생각하며 차에 다시 들어가 쉬었다가 종합병원을 들러 진단을 받았다. 심전도, 컴퓨터 단층 촬영, 피검사 등 일반적인 체크를 했지만 "전체적으로 이상이 없고, 몸은 관리를 잘하셨는지 상당히 건강하신 편입니다"라는 진단을 얻었다. 그래도 며칠간은

불안하여 외출도 줄이고 교회 안에서 음악도 듣고 기도를 하며 보냈다. 자신이 다른 사람들에 비해 스트레스를 많이 받는 편이라고 평소에 생각은 해왔지만, 이번에는 위험한 병에 걸린 것일 수도 있다고 다시 생각을 해본다.

위에서 볼 수 있듯이 공황장애를 경험한 사람들은 갑자기 빠르게 불안 상태에 빠져 든다. 몸이 떨리고 심장이 빨리 뛰며 땀을 흘리고 어지럽고 숨이 막히는 증상이나 죽을 것 같은 불안에 시달린다. 대개의 경우 돌발적으로 나타나는데 약 10분간 강하게 지속된다. 책을 읽거나 텔레비전을 보는 등 일상생활을 하는 도중에 전혀 예기치 못한 채로 나타나기 때문에, 그 후에는 그런 발작이 언제라도 다시 올 수 있다는 지속적 불안 속에서 살아간다.

이런 경우 일반적으로 몸에 병이 났다고 생각하지 심리적으로 문제가 있다고 생각하지 않는다. 대개의 경우 심장마비, 뇌졸중, 뇌종양, 폐병 등에 걸릴 소인이 있을 것이라고 짐작한다. 그래서 병원을 찾아 진단을 받지만, 이는 심리적 문제이므로, 늘 정상으로 나올 수밖에 없다. 또한 공황발작으로 질식하거나 졸도하거나 이성을 잃을 것이라는 두려움은 실제로는 근거가 없는 것이다.

그리스도인들이나 일부 어떤 사람들은 일단 그런 두려움을 가지고 있다는 사실에 대한 죄책감을 갖고 있다. '내가 믿음이 있는 그리스도인인데' 혹은 '내가 그래도 어떠한 사람인데' 라는 생각은 그들이 두려워하고 있는 것을 인정하고 싶지가 않은 것이다. 그래서 더 두려워지는 악순환에 빠지게 되는 것이다.

공포나 불안을 갖고 있는 사람들의 가장 공통적이고 장애가 되는

것들은 다음과 같다.
- 어둠에 대한 두려움
- 버림을 받았거나 홀로 방치된 것에 대한 두려움
- 자기의 정신을 잃었거나 자기감정을 조절하지 못하는 것에 대한 두려움
- 자기가 원하는, 가치 있고 중요한 일을 해내지 못했다는 실패에 대한 두려움
- 사람에 대한 두려움과 다른 사람들을 믿고 신뢰하는 것에 대한 두려움
- 암이나 다른 불치병에 대한 두려움
- 성에 대한 두려움, 성적인 생각과 성욕에 대한 두려움
- 가까운 사람들의 죽음이나 자신의 죽음에 대한 두려움
- 알 수 없는 미래에 대한 두려움
- '용서받을 수 없는 죄'를 지을 수 있고, 범할 수 있다는 두려움
- 하나님과 마지막 심판에 대한 두려움 등등.

불안한 마음의 원인들

가정환경

유년기를 비롯하여 어린 시절에 일어나는 여러 가지 사건들과 스트레스나 외상(trauma)은 사람이 불안한 마음을 갖게 하는 데 중요한 역할을 한다.

불안정한 가정환경과 잦은 이사

아버지의 잦은 출장이나 이사와 전학, 부모의 사망, 이혼이나 별거 등등의 여러 가지 이유의 불안정한 가정환경은 불안을 갖게 한다.

- 심하게 싸우는 부모와 상처가 많은 부모 – 부모가 심하게 싸울 때, 자녀는 상당한 공포를 느끼게 되고, 삶의 기반이 흔들려 심한 두려움을 갖게 된다. 특히 가정 폭력이나 성폭력은 치명적인 트라우마로 자리 잡을 수 있다. 그리고 부모가 왜곡된 사랑으로 자주 상처를 주는 언어를 사용하게 되면, 아이는 거기에서 버림받음과 좌절에서 오는 두려움을 갖게 된다.
- 두려움을 주는 주변 사람들 – 성격적으로 강해서 분노하는 사람들로부터 심한 추궁이나 왕따나 따돌림을 당하면 상처가 되어 두려움을 갖게 되고, 계속되면 불안에 시달리게 된다.
- 원죄와 유전 – 죄의 결과로 인간은 엄청난 죽음의 결과를 갖게 되었고, 이로 인하여 지속적인 실패와 좌절을 겪으면서 많은 불안과 두려움을 갖게 되었다. 창세기 3장 10절에 나오는 "내가 벗었으므로 두려워하여 숨었나이다"의 고백은 에덴동산에서 아담과 하와가 하나님을 피하여 숨은 이유를 잘 나타내고 있다. 또한 유년기의 트라우마가 없이도 불안장애를 겪는 사람들도 있다. 어떤 연구자들은 환경적인 요인보다도 더 유력한 요인이 유전이라고 주장을 한다. 부모로부터 유전적 경로를 따라 아이에게 성품이나 정서가 전해질 수 있는데, 유전자를 통해 불안에 대한 감수성을 이어받은 것이라고 말할 수 있는 것이다.(트라우마: 외상(trauma). 견디기 어려운 충격적인 일이나 사건)

불안한 마음의 증상들

내면의 상태

위의 사례에서 본 것처럼, 어떤 일이 생겼을 때 필요 이상으로 놀라고 두려워한다. 또한 무엇인가 정리되지 않은 내면적인 불안감에 시달리게 된다. 심한 스트레스가 오면, 분노와 우울이 동반되며, 갑자기 두려워지면서 우울감이 온다. 안정감이 부족하여, 쫓기는 듯한 기분에 사로잡히고 안절부절하며 두려워할 때가 많다.

관계의 어려움

주위에 강한 사람이 있거나 비난의 말을 들어야 할 경우, 그 사람이나 그 장소에 가는 것을 보통 이상으로 꺼려하고 싫어한다. 그래서 혼자일 때가 많고 외롭다. 친밀감을 형성하기가 어려워서 주위에 친하게 교제를 누릴 만한 사람이 많지 않다. 또한 불안 때문에 새로운 일에는 부정적이고 수동적이어서 추진력이 부족하고 중도에 포기하고 만다. 그리고 문제가 생기면 책임 추궁을 두려워하여 잘못을 인정하지 않고 책임 전가를 한다.

신앙생활의 장애와 포로 된 상태

두려움 때문에 하나님을 향한 지속적인 신뢰가 부족하므로 영적인 진보가 일어나지 않고 계속 제자리걸음을 반복한다. 신앙생활에도 마음은 있고, 열심히 하고 싶지만 실천이 어렵다. 또한 하나님과 성도들과의 친밀감을 느끼지 못하므로 신앙생활의 기쁨을 누리지 못하고 부담이 더 많다. 잘못된 하나님관을 갖고 있어서 때로는 하나님

의 존재가 무섭고 떨리며 멀기만 하다. 고정적인 신앙생활을 하고 있으면서도 심한 불안감을 잊기 위해 약물, 술, 인터넷 게임, 도박, 물질 등에 빠지고, 건강 염려증 등 피해 망상적인 감정에 시달릴 수 있다.

불안한 마음의 치유

자기 안에 있는 불안을 인정하고, 그 원인을 알아본다.
우리의 삶 속에서 나를 짓누르는 두려움이 어디서 왔는가를 아는 것은 중요하다. 어린 시절의 환경들, 돌봄의 환경들, 충격적인 사건들 등을 알아보고 나 자신을 이해하는 것은 치유의 첫걸음을 내딛는 것이다. 세계적으로 알려진 치유설교자이며 "하나님께 가까이 (In touch)"라는 프로그램으로 세계에 알려진 명설교자 스탠리 박사(Charles Stanley)는 그의 저서 《상한 마음을 위한 클리닉》(The Sourse of my Strength)에서 자신의 두려움에 대해 이렇게 말하고 있다.

> 나의 유년 시절은 혼란의 연속이었다. 예측할 수 없는 일들이 계속 일어났다. 나는 미래에 대한 자신도 없었다. 어린 시절의 이런 불안과 두려움에는 네 가지 원인이 있었다.
> 첫째, 어린 시절 우리 가정은 16년 동안 17번이나 이사를 하였다. 나는 이사할 때마다 어디로 이사할 것인지 예측할 수 없었다.
> 둘째, 우리는 가난하게 살았다. 아버지가 일찍 돌아가셨기 때문에 어머니는 혼자서 우리를 기르시느라 고생하셨다. 우리는 겨우 의식주만을 해결하고 살았다.

셋째, 어머니는 활동적이고 호기심 많은 나를 아버지 없이 키우다 보니 너무 과보호하셨다. 어머니는 항상 나에게 '거리에서 뛰어놀지 마라', '조심해라', '넘어지지 마라', '다치지 마라' 등 많은 주의를 주셨다. 그러나 이런 주의는 나의 마음속에 어두운 그림자를 만들었다. 이런 주의가 내게는 '모험하지 마라, 인생은 무서운 것이며 상처 받기가 쉽다'는 말로 들렸기 때문이다.

넷째, 다른 이유보다 더 교묘한 것이다. 어렸을 때 나는 하나님을 엄격한 심판자라고 생각했다. 그래서 하나님을 조금이라도 거역하면 채찍을 가하는 무서운 분으로 이해했다. 그것은 나에게 너무 두려운 것이었다.

이러한 이유들로 스탠리 목사님은 인생을 사는 데 소극적인 인생관을 갖게 되었고, 그 때문에 늘 마음속에 깊은 불안과 근심과 두려움이 있었다고 고백하였다. 이처럼 내가 다른 사람들보다 더 많은 불안을 갖고 있는 원인이나 환경들을 살펴보고, 나를 바로 이해하는 것은 불안으로부터 해방되는 데에 큰 도움이 된다. 그리고 나를 방어하거나 회피하지 않고 자신이 갖고 있는 불안의 원인을 먼저 알고 이해하는 것은 참으로 중요하다.

불안을 회피하기보다는 직면한다.

사람들마다 불안과 염려에 대처하는 방식이 다를 뿐만 아니라 또한 서로 다른 종류의 불안을 갖고 있다. 이 불안은 특별한 상황, 특별한 장소나 사물, 잡다한 생각들이나 갑자기 찾아오는 불안 등 그리고

신체적인 현상이 한데 어우러져 복합적으로 나오는 것이다.

그런데 공통적으로 불안에 빠져 있는 사람들의 큰 문제는 회피하려고 하는 것이다. 따라서 근심과 불안을 가장 근본적으로 해결하기 위해서는 우리 안에 잠재되어 있는 회피의 문제를 바르게 다루어야만 한다. 흔히 걱정거리나 두려움이 생겼을 때 사람들은 '이 일을 피할 수만 있다면, 긴장과 불안은 사라질 것이다'라고 생각한다. 그런데 이러한 회피 전략은 일시적으로는 효과가 있는 것처럼 보이지만, 우리의 두려움은 결코 사라지지 않고 오히려 커지는 결과를 초래한다. 그리고 회피는 오히려 때때로 강하게 불안을 증폭시키기도 한다.

한 예를 들어 보자. 불안을 회피하는 것이 습관이 되어버린 내담자에게 솔직하게 느끼는 심정을 글로 표현할 것을 제안하자 그는 이렇게 썼다

> 나는 이 불안과 초조를 견딜 수가 없다. 차라리 내 자신이 불안하거나 초조해하는 일이 일어나지 않도록 미연에 방지하고 싶다. 나는 사람들 앞에 서면 심장이 쿵쿵 뛰고 손에 땀도 나고 숨을 쉬기가 어렵게 된다. 심할 때는 죽을 것만 같은 기분이 든다. 그러므로 이런 상황을 내가 만들지 않고 그냥 조용히 혼자 지내는 것이 낫다.

불안한 사람들이, 이처럼 회피를 택하다 보면, 습관이 되어서 두려움에 정면으로 맞서야 한다는 생각은 아예 하지도 못하게 된다. 옆집 개가 무서워서 피하기 시작했는데, 그 무서운 개는 옆집에만 있는 것이 아니고, 도처에 있는 것이다. 그러면 외출도 못하고 집에만 있을 것인가? 아니다. 부딪쳐 보아야 한다. 개 그림을 보면서라도 개와

만나는 연습을 해보라. 그리고 누구라도 함께 개 앞을 두려움 없이 지나가게 되면, 단 한 번이라도 지나가게 되면, 의외로 그 다음에는 좀더 쉽게 지나갈 수가 있는 것이다.

기독교 심리학자이며 많은 양서의 저술가인 윌리엄 바커스는 그의 저서 《부정적 감정을 치유하는 자기 고백》(Learning to tell myself the truth)에서 이렇게 말하고 있다.

 이제 불안으로부터 벗어나기 위해서 우리가 자신을 도피시키는 장소가 어디이며 이러한 정신적인 도피가 얼마나 우리를 힘들게 만드는지 알아보는 데서부터 시작해야 한다. 나는 무엇을 어떻게 피하고 있는가? 이것은 우리가 불안에서 놓임을 받기 위해서 제일 먼저 풀어야 할 문제이다. 우리가 불안에서 벗어나기 위해서 구사했던 회피의 전략이 오히려 우리를 더 복잡하게 만들고 어렵게 만들었다는 사실을 받아들이는 것이 쉽지는 않을 것이지만, 그것은 사실이다. 그래서 우리는 자신의 고통스럽고 불편한 감정을 해결하기 위해 노력할 필요가 없다. 우리가 진짜로 해결해야 할 일은 문제를 외면하려는 회피의식이다. 이것이 첫 번째 단계이다. 불안함을 만나고도 피하지 않는 의식은 우리에게 몇 단계 높은 수준의 자유를 느끼게 해준다. 그래서 우리는 이제 불안을 대하고 만나는 연습부터 해야 한다.

불안한 사람이 먼저 해야 할 일을 정확히 잘 설명하고 있는 부분이다. 불안을 극복하기 위해서는 사람, 상황, 장소, 생각 등을 피하기보다 무언가 적극적인 행동을 취해야 한다는 사실을 잊지 말아야 한

다. 먼저 가장 용이하고 쉬운 계획부터 시작해서 행동으로 옮기는 것을 지금 시도해 보라. 믿음으로 행동하고 하나님이 지켜주실 것을 믿으며, 노출 계획을 세우고 실천해 본다. 불필요하고 쓸데없는 불안을 극복하려면 걱정거리 앞에 자신을 드러내 놓아야 한다. 믿음을 가지고 용감하게 시도하는 자신을 상상해 보자. 그리고 시작하자. 과감하게 백화점도 가보고, 친구들도 만나고, 하고 싶은 이야기를 해보라. 지금. 그렇다 . 미루지 말고 지금부터 곧장 시작해 보라.

말 그대로 '눈을 부릅뜨고 뚫고 나가라!' 는 규칙을 정하고, 그대로 지키는 것이다. 곧 할까 말까 탐색전을 벌이기 전에 자신이 생각하는 어려움과 그 상황과 곧바로 마주치는 것이다. 두려움과 당당히 맞서게 되면, 이러한 도전은 점차 마음을 잔뜩 졸이는 일에서 대수롭지 않은 평범한 연습으로 바뀌게 된다. "이제는 쉬운 연습이 되었어……", "생각보다 위험하지 않아", "점점 더 나아지고 있어"라는 말이 되도록 능동적으로 직면하게 되면, 이미 두려움은 줄어들고, 치유는 자리 잡게 되는 것이다.

잘못된 생각과 신념들을 건강한 생각으로 바꿔라.

불안으로 고통을 당하고 있는 대부분의 사람들은 공통적으로 비합리적이고 잘못된 생각들을 갖고 있다. 하나님을 믿고 의지하는 그리스도인들도 마찬 가지다. 우리에게 있는 기쁨과 만족, 즐거움을 빼앗아 가고 고통을 주는 불안의 원인 속에는 일반적으로 이러한 잘못된 생각들이 자리 잡고 있다.

그 첫째는 불안할 만한 것이 없을 때에도 뭔가가 잘못될 가능성이 있다고 믿고 있는 것이다. 모든 가능성을 다 생각해 보아도 불안할 것이 없는데도, 마치 어떤 일을 예기하고 있는 사람처럼 무언가가 일어날 것이라고 믿고 있는 것이다.

둘째로, 상황이 잘못되었을 때, 그 결과를 도저히 참거나 극복할 수 없다고 믿는다. 극복할 수 있는 방법이 얼마든지 있는데도 불구하고, 처음부터 아예 생각을 안 되는 쪽으로 단정하는 사람처럼 생각을 고정하고 있기 때문이다. 이 두 가지 생각은 결국 '나는 되는 것이 없다. 나는 정말로 재수 없는 사람이다. 왜 나는 이러는 것일까? 하나님이 진정으로 나를 사랑하신다면 이럴 수는 없다'로 이어지게 된다.

그러므로 불안의 원인이 되는 이 잘못된 신념들을 건강한 생각들로 바꾸는 일은 매우 중요한 일이 아닐 수 없다. 무엇보다도 먼저 자신이 갖고 있는 잘못된 생각을 찾아내야 한다. 또한 고통스러운 걱정거리로 고민하는 사람들은 대개 자신의 불안과 불안의 영적 의미에서도 잘못된 생각을 갖고 있다.

다음에 나오는 글을 읽고 맞는 곳에 체크를 하며, 자신의 잘못된 신념들을 찾아보라.

(　　) 1. 내가 훌륭한 기독교인이라면, 이처럼 많은 걱정은 하지 않을 것이다.

(　　) 2. 하나님은 나를 사랑하지 않는다. 사랑하신다면 왜 이 두려움을 그대로 두시는가?

(　　) 3. 나의 어떤 노력도 효과가 없었다. 계속해서 걱정과 불안을 느끼고 있으니 나에게는 희망이 없다.

(　　) 4. 나는 불안한 감정을 견딜 수가 없기 때문에 가능한 한 불안, 초조, 걱정을 느끼지 않도록 해야만 한다. 미리

방지하는 것이 최고다.

(　　) 5. 나는 사람들 앞에 서야 할 때면, 심장의 박동이 빨라지고 손에서 땀이 나며 제대로 숨을 쉴 수가 없다. 꼭 죽을 것 같다.

(　　) 6. 하나님은 수많은 사람의 기도를 다 들으셔야 하기 때문에 나 같은 사람의 기도를 자세하게 들으실 수는 없다. 지금 나의 고통과 불안에는 상관이 없으신 것 같다.

(　　) 7. 나의 머리와 마음속은 너무 혼란스러워서 진리의 말씀이 들어올 자리가 없다.

위에 열거된 잘못된 생각들은 우리의 불안함을 더 심각하게 만들어서, 문제를 회피하게 만들고, 우울하게 하며, 절망으로 이끈다. 또한 불안과 우울함은 서로 연쇄적인 상승작용을 하면서 우리를 더욱 깊은 절망 속에 빠뜨릴 수가 있다. 위의 생각들을 점검하고, 어떤 결과가 나와도 상관이 없다. 어떤 사람은 각 문항이 다 나와서 더욱 걱정에 빠지게 될지도 모른다.

그러나 시작은 지금부터이다. 이런 생각들로 바꾸어 보자. '나는 할 수 있다, 나는 반드시 변화될 수 있어, 승리한 사례가 많다고 알고 있어, 나보다 심한 사람도 고쳐질 수 있다고 하셨어, 주님 안에서 모든 것이 가능하다고 나는 믿는다, 내가 하나님을 믿는 사람인데 반드시 하나님은 나를 도와주신다, 나는 할 수 있어' 라는 생각을 반복적으로 사용해 보라.

나를 불안하게 하는 잘못된 생각들이 올라올 때마다 가능성이 있는 긍정적이고 적극적인 생각으로 바꾸어 보라. 그리고 관심이 있고

힘이 되는 말씀에 문을 열고 묵상해 보자.

우리의 불합리한 생각을 건강하고 올바른 생각으로 바꾸는 데에도 반복법이 효과가 있다. 처음에는 확신이 부족하더라도 자꾸 반복하고 되뇌이면서 생각을 바꾸어 가면, 교정이 일어나게 된다. 하나님의 신실한 언약을 붙들고 믿음으로 이 말씀들을 반복해서 묵상해 보자.

"내게 능력 주시는 자 안에서 내가 모든 것을 할 수 있느니라" (빌 4:13).

"평강의 주께서 친히 때마다 일마다 너희에게 평강을 주시고 주께서 너희 모든 사람과 함께 하시기를 원하노라"(살후 3:16).

"아무 것도 염려하지 말고 다만 모든 일에 기도와 간구로, 너희 구할 것을 감사함으로 하나님께 아뢰라 그리하면 모든 지각에 뛰어난 하나님의 평강이 그리스도 예수 안에서 너희 마음과 생각을 지키시리라"(빌 4:6-7).

"내 평생에 선하심과 인자하심이 반드시 나를 따르리니 내가 여호와의 집에 영원히 살리로다"(시 23:6).

영적인 자원들을 사용하라.

모세가 하나님께 대들면서 되물었던 사실을 생각해 보자(출애굽기 4장). 모세는 하나님께서 이스라엘 백성을 구하러 그에게 가라고 했을 때, 너무 불안했고 초조했다. 그리고 이스라엘 사람들이 자신의

말을 듣거나 믿지 않고, 따라주지도 않을 것이라고 모세는 생각했기에, 하나님께 세 번이나 올바른 선택인지를 물었다. 그는 자신도 없고 불안했던 것이다.

"내가 누구이기에 바로에게 가며 이스라엘 자손을 애굽에서 인도하여 내리이까"(출 3:11).

"그러나 그들이 나를 믿지 아니하며 내 말을 듣지 아니하고 이르기를 여호와께서 네게 나타나지 아니하셨다 하리이다"(출 4:1).

"오 주여 보낼 만한 자를 보내소서"(출 4:13).

하나님께서 부르시고, 파송하시려고 할 때, 모세는 열등감과 자기비하, 무관심, 합리화, 불신감을 쏟아 내고 있었다. 그래서 "나처럼 입이 뻣뻣하고 혀가 둔한 자"라고 고백하며 하나님께 반기를 들었던 것이다.

그러나 결국은 모세가 믿음으로 바로에게 나아가 "나의 백성을 가게 하시오"라고 담대히 말할 수 있게 된다. 이처럼 믿음은 불안과 초조함에도 불구하고 행동하게 만든다. 성경에는 많은 사람들이 믿음으로 담대해지며, 불가능하게 보이는 것을 가능으로 바꾸는 무수한 역사들을 볼 수 있다.

그렇다. 모세처럼, 여호수아처럼, 두려움과 초조와 불안에도 불구하고 더 큰 믿음을 갖는 것은 불안을 물리치는 데에 큰 무기가 된다. 바커스 박사의 다른 언급을 살펴보자.

자신을 두렵게 만드는 그 일을 보지 말고 하나님의 부르심을 보라. 그리고 앞으로 나아가 두려움 앞에 자신을 내어놓고 과감하게 껴안는 자신을 상상하라. 즉시 실천하라. '믿음은 이것을 가능하게 한다'. 하나님은 당신을 반대하는 것이 아니라 당신 편에 서있다. 하나님은 당신을 저주하는 것이 아니라 축복하려 하신다. 하나님은 '당신의 믿음을' 높이 여겨 주신다. 당신은 안전하고 괜찮다. 어느 정도의 불안이 당신을 다치게 하지는 않는다. 예수 그리스도가 죽음에서 부활하셨기 때문에 죽음조차도 당신 앞에서는 그 효력을 잃어버린다. 진정한 믿음에는 행동이 수반되어야 한다. 자신에게 진실을 말하자. 그리고 두려움 때문에 피해 왔던 일을 정면으로 해결하라.

하나님이 함께 하시므로 나는 혼자가 아니고, 필요한 도움을 언제든지 받을 수 있다는 기본적인 믿음은 우리를 승리하게 한다. 요한복음 15장에서는 주님이 우리와 함께하신다는 말씀이 10번 이상이나 지속적으로 나온다. 하나님은 포도나무이고 우리는 가지이므로 가지가 나무에 붙어 있음같이 우리는 늘 그분 곁에, 그분과 함께 있는 일이 가장 우선적이고 필수적이라는 말씀이다. 곧 그분이 공급하시는 힘과 능력을 받아서, 우리 삶 속에서 어려움을 이기고, 더 풍성함을 누릴 수 있는 것이다.

그리고 14장에 나오는 보혜사 성령의 원어의 뜻은 '옆에서 함께 하시는 분'이다. 이 믿음을 구사하는 일은 실제적으로도 효과가 있다. 스탠리 목사는 그의 자전적인 책 《상한 감정의 클리닉》(*The*

sourse of my strength)에서 갑작스런 공포나 근심에 싸일 때, 그리고 근심과 불안 때문에 마음이 떨리고 괴로울 때 이렇게 하나님께 고백했다고 쓰고 있다.

🌱 먼저 하나님을 바라보라. 그리고 그분에게 큰 소리로 이렇게 말하라.

"아버지, 당신은 하늘에 계신 나의 아버지이십니다. 당신은 나의 모든 필요를 채워 주신다고 약속하셨습니다. 당신은 내 속에 거하신다고 말씀하셨습니다. 당신은 내가 어떤 일을 당해도 잘 대처할 수 있도록 도와주시겠다고 말씀하셨습니다. 사도 바울은 편지에서 '내게 능력 주시는 자 안에서 내가 모든 것을 할 수 있느니라'고 했습니다(빌 4:13). 성경에 근거해서 당신께 요청합니다. 주님이 멀리 있는 것처럼 느껴집니다. 저는 어느 길로 가야 할지 모르겠습니다. 정말 어찌할지 모르겠습니다. 당신은 나와 함께 하시겠다고 약속하셨습니다. 하나님, 당신을 믿습니다. 당신이 이 상황에서 나를 도와주시리라 믿습니다."

나는 두려움이 엄습해 올 때마다 이런 식으로 하나님께 부르짖었다. 그리고 그때마다 마음 속에서 말할 수 없는 하나님의 평안을 느꼈다. 그분은 나의 유일한 안식처였다. 나는 그분 안에서 은혜와 사랑과 자비가 넘치는 하나님을 발견했다.

그렇다. 나에게 할 수도 없고 될 수도 없다고 외치고 속이는 과거의 잘못된 테이프를 끄고, 그 대신에 하나님의 말씀과 약속을 믿으며 믿음의 닻을 내려놓아라. 우리는 결코 혼자가 아니다.

우리가 어디를 가든지, 어떤 상황에 있든지 그분은 함께 하시며 도우신다. 그 어렵고 고통스런 불안의 상황에서도 기도로 부르짖고 '말할 수 없는 하나님의 평안'을 얻었던 스탠리 박사의 고백은 참으로 놀랍다. 엄습해 오는 불안과 걱정을 이길 수 있는 영적 무기인 기도를 믿음과 함께 충분히 사용해 보자. 그리고 아래의 기도문을 사용해 보자. 이 기도문에도 모든 것을 주님께 맡기는 내용이 나와 있다.

주님!! 당신은 저의 두려움과 불안을 알고 계십니다. 지금 이 순간에 저의 머리를 누르고 있는 것이 무엇인지 알고 계십니다. 당신께 저의 불안을 드리며, 두려움을 내려놓습니다. 저의 감정이 이 기도의 내용과 같지 못하다 하더라도, 그래도 당신의 신실함을 믿습니다. 불안이 저의 영혼에서 솟아날 때, 저는 제 자신에게 이 문제가 주님의 선한 손안에 있으며 내가 살아있는 한 늘 그럴 것이라고 말할 것입니다.

주님!! 걱정과 불안은 마치 끊임없이 나를 조이는 족쇄와도 같습니다. 당신의 약속의 신실하심과 말씀 속의 진리에 감사드립니다. 제가 만나고 있는 어려움과 도전이 아무리 크다 하더라도, 당신의 인도를 구할 때, 당신은 나의 필요를 돌보아 주시며, 불안과 걱정 속에서도 확신하며 편히 쉴 수 있게 하셨습니다. 두려움에 맞서는 일이 쉽지 않습니다. 그러나 성령의 권능이 저를 도울 수 있음을 확신합니다.

다음에는 말씀을 사용하는 일이다. 긍정적이고 건강한 생각과 말들로 내 마음 속에 새로운 변화를 시도하는 데 있어서 성경 말씀은

참으로 확실하게 능력을 발휘할 수 있다. 괴로운 마음을 평안하게 해 주기 위한 여러 가지 심리적인 테크닉이나 방법들도 진정한 위력을 발휘하려면 성경의 말씀 속에 있는 하나님의 능력과 합해져야 한다. 또한 이완 운동을 하고 산보를 하며 여러 가지 운동을 하는 것도 불안과 고통에서 벗어나는 데에 도움이 된다. 그것과 더불어 이 말씀을 같이 외우며 묵상해 보자. 내 안에 말씀들이 확실하게 자리를 잡을 때까지 깊이 묵상하는 것은 놀라운 효과가 있다.

- 너희 염려를 다 주께 맡기라 이는 그가 너희를 돌보심이라(벧전 5:7).
- 우리가 그 안에서 그를 믿음으로 말미암아 담대함과 확신을 가지고 하나님께 나아감을 얻느니라(엡 3:12).
- 너는 마음을 다하여 여호와를 신뢰하고 네 명철을 의지하지 말라 너는 범사에 그를 인정하라 그리하면 네 길을 지도하시리라(잠 3:5-6).
- 하나님이 우리에게 주신 것은 두려워하는 마음이 아니요 오직 능력과 사랑과 절제하는 마음이니(딤후 1:7).
- 평안을 너희에게 끼치노니 곧 나의 평안을 너희에게 주노라 내가 너희에게 주는 것은 세상이 주는 것과 같지 아니하니라 너희는 마음에 근심하지도 말고 두려워하지도 말라(요 14:27).
- 여호와의 말씀이니라 너희를 향한 나의 생각을 내가 아나니 평안이요 재앙이 아니니라 너희에게 미래와 희망을 주는 것이니라 너희가 내게 부르짖으며 내게 와서 기도하면 내가 너

희들의 기도를 들을 것이요 너희가 온 마음으로 나를 구하면 나를 찾을 것이요 나를 만나리라(렘:11-13).

- 주께서 너희 마음을 인도하여 하나님의 사랑과 그리스도의 인내에 들어가게 하시기를 원하노라, 평강의 주께서 친히 때마다 일마다 너희에게 평강을 주시고 주께서 너희 모든 사람과 함께 하시기를 원하노라(살후 3:5, 16).

이 말씀들을 통해 보더라도 주님은 우리가 불안과 근심에 얽매여 사는 것을 원하지 않으심을 알 수 있다. 불안과 근심 대신에 그분은 우리에게 평강과 사랑과 소망을 원하신다. 성경에는 '두려워 말라'는 말이 365번이나 나타나 있다. 또한 주님께서는 우리를 비난하거나, 책망하지도 않으시며, 홀로 두시지도 않는다고 말씀하신다. 늘 우리를 지키시며, 돌보시고 위로하시고 격려하시며 인도하신다고 희망을 주신다.

위의 말씀 중에 특별히 와 닿는 말씀이나 감동이 되는, 그리고 중요하다고 느끼는 구절을 택하여 실감 있게 묵상하며 내 것으로 삼아라. 그대로 믿는 믿음을 구사하라. 두려운 생각이 들 때마다 위로가 되는 말씀을 사용하여 벗어 날 수 있다. 더 이상 불행과 불안 속에 거할 필요가 없다. 선하신 하나님의 약속을 믿고 희망과 더 나은 가능성의 시간들을 가져보라.

꼭 기억해야 할 간단한 팁

1. 자신을 편안하게 하라.
2. 서두르지 말고, 회피할 생각을 버려라.
3. 우선 기도하라. 확신을 가지고 지속적인 기도를 하라.
4. 한 가지씩, 시간을 여유 있게, 천천히 앞의 치유 부분을 읽고 또 읽어보라.
5. 자신과 토의하고, 권유하며, 조금만 나아져도 칭찬하라.

* 서로 나누기

1. 두려움 때문에 생기는 어려움이나 곤란함을 느낀 적이 있는가? 그때는 언제였으며 그로 인한 대처방식은 무엇이었나?
   (예; 회피, 방어; 부정 등)

2. 불안으로 인하여 나타나는 신체적인 증상은 무엇인가?
   (예; 떨림, 어지럼, 발한, 공황상태, 심박수 증가 등)

3. 불안한 마음의 원인들에 대해서 알아보고 서로가 겪었던 일과 연관시켜 경험을 나누는 시간을 가져보자.
   (예; 가정 환경이나 부모님, 특별한 일, 상황 등)

4. 불안한 마음의 구체적인 증상들은 무엇인가?

   (책에 소개 된 대로 나누어보기)

5. 성경에 나타난 모세의 불안과 초조는 무엇이었나? 그러나 나중에 대담하게 바로 왕 앞에 서서 말하고, 위대한 지도자의 역할을 감당할 수 있었던 힘은 무엇인가?

6. 불안이 갑자기 몰려왔을 때 사용할 수 있는 간단한 방법, 5가지를 얘기해 보자.

* Notes (주)

4장

1. Charles Stanley, *The Source of my Strength*, Thomas Nelson Publisher, p. 41.
2. 윌리엄 바커스, 《부정적 감정을 치유하는 자기고백》, p. 237.
3. *Ibid*, p. 225.
4. Charles Stanley, *The Sourse of my Strength*, p. 69.
5. *Ibid*, p. 73.

5장 열등감의 이해와 치유

/ 열등감의 원인들
/ 자기 안에 존재하는 고통
/ 자기의 외적 조건들
/ 열등감의 증상들
/ 사울 왕과 열등감
/ 열등감을 치유하기 위한 자존감의 이해
/ 열등감의 치유

5장 열등감의 이해와 치유

사람들이 자신의 가치가 낮다고 느낄 때, 그들은 다른 사람들이 자신을 속이거나, 짓밟고 올라서거나, 헐뜯고 경시한다고 생각합니다. 이것은 희생물이 되는 길입니다. 그들은 최악의 상태를 예상하면서 그것을 자초하고 또한 흔히 그런 최악의 경우를 겪습니다. 자신을 방어하기 위하여 그들은 불신의 벽 뒤에 숨고 외로움과 소외감의 비참한 감정 속으로 빠져 듭니다. 이렇게 다른 사람들로부터 격리되어, 그들은 그들 자신과 주변의 사람들에 대하여 무관심하고 냉담해집니다. 그들은 명확하게 보고 듣고 생각하는 것이 어려워지고, 그 결과 그들은 다른 사람들을 짓밟고 헐뜯고 경시하려 듭니다. 이렇게 느끼는 사람들은 커다란 정신적인 벽을 만들어 그 뒤에 숨고, 그러한 사실을 부인함으로써 자신을 방어하려 합니다.

이 글은 버지니아 세터가 그의 저서 《아름다운 가족》(*The new people making*)에서 열등감에 사로잡혀 있는 사람의 내면을 자세하게 묘사하고 있는 글이다. 여기에서 언급하고 있는 것처럼, '자신의 가치가 낮다고 여기며, 자신을 방어하고, 불신의 벽 뒤에 숨어 외로움과 소외감과 비참한 감정을 느끼는 것'이 열등감이다. 곧 자신에 대한 '진정한 가치'를 발견하지 못하게 하고, 혼동된 상태로 삶을 살아가도록 하는 것이 바로 열등감의 역할이다.

그리고 사람들에게는 모두 자기 나름대로 만들어 놓은 자기 자신에 대한 그림, 곧 평가된 가치가 있는데, 그것을 우리는 자존감(self-esteem)이라 부른다. 자신에 대한 그 평가가 건강하고 적절할 때, 삶

은 원만해지고 에너지가 흐르며 건강한 사고와 감정과 행동을 갖게 한다. 그러나 우리 안에 있는 여러 가지 상처들은 열등감을 불러일으켜 자신의 가치를 혼동시키고, 자신을 평가 절하하여 정신적인 고통을 가져다 줄 수 있다. 곧 실제 능력이 있고 없고와는 상관없이 스스로 자기 자신에 대하여 부정적으로 생각하여 자신을 비하하는 것이 이 열등감이다.

열등감의 원인들

어린 시절의 가정환경

특별히 결손가정(broken family)이나 문제가 있는 부모들은 아이들에게 강한 열등감을 심어주기가 쉽다. 고아, 편부모, 떨어져 사는 가족 등등의 결손가정은 자녀들에게 전반적으로 열등감을 심는다. 그런 환경에서는 여러 가지 일어나는 일로 상한 마음을 얻게 되고, 이는 열등감으로 연결이 되기 마련이다. 이 고백을 들어보자.

나는 집에서 새아버지가 귀가 닳도록 하던 말을 인정하게 되었다. 새아버지는 늘 내게 이렇게 말씀하셨다.
"너는 아무 소용도 가치도 없는 놈이야. 넌 아무 것도 아니야."
나는 새아버지를 기쁘게 하려고 열심히 노력했다. 그러나 내가 무엇을 하든 새아버지는 칭찬은커녕 내게 눈길도 주지 않으셨다. 더욱이 그분은 내가 아무 것도 할 수 없다고 생각하셨다. 결국 나는 평생에 상처로 남을 생각을 품게 되었다. '너는 별로 가치도 없고

반 친구들과 어울릴 수도 없으며 주위 사람들보다 못한 놈이야.' 이런 생각은 다른 여러 원인들과 맞물려 극복하기 힘든 열등감으로 변해 갔다.

이처럼 문제가 있는 부모는 자녀들에게 열등감을 심어준다. 곧 인격적으로 장애가 있는 부모, 의붓부모, 사회적, 윤리적으로 문제가 있는 부모, 부부싸움이 잦은 부모나 이혼을 앞두고 바람을 피우는 부모 등등에서 자라나는 자녀들은 심각한 열등감과 자기비하의 감정을 경험하게 된다.

또한 편애와 비교가 심한 가정은 자녀들에게 분쟁을 일으키게 한다. 곧 심한 열등감을 경험하게 할 뿐만 아니라, 편애와 비교를 당하는 사람이나 주는 사람 양쪽 다 상처가 된다.

자기 안에 존재하는 고통

자신이 가까운 사람들로부터 버림받았다고 느끼는 사람들은 자기비하의 시선으로 자기를 느끼고 바라본다. 스스로 지나치게 자신을 가치절하하고 괴로워하는 심적 어려움을 겪는다. 이와 반대로 자신과 타인에 대해 분노가 많은 사람들은 자신에게 잘못된 것들을 타인의 탓으로 돌리고, 공격성을 나타내면서, 자신의 가치를 낮게 평가한다. 그렇지만 인위적으로 자신을 가장하여 자신이 높은 자존감의 사람인 것처럼 위장할 수 있다. 또한 두려움이 많은 사람들은 벌에 대한 두려움, 미래에 대한 두려움, 버림받고 소외당하는 일에 대한 두

려움 등등으로 이런 두려움에 떠는 자신에 대해 깊은 열등감을 갖는다. 아래의 글은 어느 청년, 내담자의 고백이다.

> 나는 딱딱하고 엄격한 가정에서 태어났습니다. 아버지나 어머니가 단 한 번이라도 내 등을 만져주며 "사랑해"라고 말한 적은 없었습니다. 그러나 나는 그 말이 그토록 듣고 싶은 외로운 아이였습니다. 그 때부터 나는 '아무도 나를 사랑하지 않고, 말하고 싶어 하지 않는구나' 라는 상처를 갖게 되었고 그 아픈 상처는 "너는 아무 가치도 없는 애야!"라는 메시지를 주었습니다.
>
> 그 후로 나는 내가 가치 있는 존재임을 증명하려고 무슨 일이든 가리지 않고 열심히 해내었습니다. 그리고 그 때는 늘 사탄이 주는 거짓 메시지에 속아 있었습니다. 내가 외톨이로 혼자서 인생을 살아야 할 것이고, 아무도 내 편은 없을 것이라는 그 메시지는 늘 내 마음속에서 메아리 치고 있었습니다. 그래서 외로움은 더욱 커지고 두려웠습니다.
>
> 더한 것은 만일 네가 잘못된다면 징벌을 받은 것이고 그것을 기뻐하는 사람들도 있을 것이라는 거짓 메시지였습니다. 만일 내가 그 뒤에 주님의 사랑과 상담을 통한 변화가 없었다면, 나는 벌써 이 세상 사람이 아닐지도 모릅니다. 몇 번이나 끔찍하게 죽을 생각을 할 때도 있었기 때문입니다.

그러나 이 청년은 자신의 자존감을 주님 안에서 바로 인식하게 되었고, 자기 안에 있는 거짓 메시지를 버림으로써 확실한 변화를 경험하게 되었다.

자기의 외적 조건들

다른 사람들이 보기에는 심각한 이유라고 생각되지 않지만, 사람들은 자신의 타고난 외모, 학력, 소유, 그리고 타고난 능력 등을 비교하여 열등감을 가질 수 있다. 신경이 예민하고 발달시기에 있는 아이들과 청소년들은 보여지는 것들, 곧 타고난 외모나 특성 때문에 유독 열등감을 갖게 되고 그것으로 인한 열등한 성품들이 장년기까지 이어질 수 있다.

열등감의 증상들

관계의 문제들

열등감이 갖는 여러 가지 증상들 가운데 아주 심각한 것 중의 하나가 관계 장애이다. 이들은 이유 없는 피해를 느끼며, 정상적인 관계를 맺지 못하고, 상대방에 대한 피해 의식이 늘 자리 잡고 있다. 겉으로는 지나치게 겸손해 보이고 희생을 자처하는 것처럼 보이지만, 내면에는 만족이 없고 늘 불만과 불평이 많다.

열등감에 사로잡힌 사람들의 생활 방식은 다음과 같다.

- 지속적으로 다른 사람을 조롱하여 자신의 수준으로 끌어내리려 한다.
- 절친하거나 믿어주는 사람이 별로 없고, 누구에게나 흠집을 찾아내려고 한다.

- 과거에 일어난 자신의 실패를 보상하기 위해 완벽주의자가 되려한다.
- 다른 사람 앞에서 천박하게 행동하며, 자신을 깎아 내리는 행동을 한다.(혹은 반대의 행동을 하기도 한다.) 그래서 자신의 외모에도 신경을 쓰지 않는 등 기본적인 책임까지 버린다.
- 자신의 부도덕하고 잘못된 행동을 정당화하기 위하여 동료들의 지지를 얻으려고 한다.

내면적인 문제들

이들이 겪고 있는 내면의 주 감정은 불안, 두려움, 자기 비하이다. 작은 실수나 문제에도 심하게 불안해하며 자신을 심하게 자책한다. 겉으로 보기에는 다 포기한 것처럼 보이나 공허한 마음 때문에 오히려 '욕심'을 부리며, 자존심을 내세우려 한다. 열등한 것이 드러날까 두려워 완벽주의적인 경향이 있지만, 그 내면은 불안하고 자책할 때가 많다. 가족치료의 대가인 버지니어, 싸티어가 말한 다음의 말들은 이런 상태의 사람들을 이해하는 데 적절한 도움이 된다.

한 사람이 자기 자신에게 진정한 관심을 가지게 되면, 그는 자기 자신은 물론 타인을 상처 입히거나, 깎아 내리거나, 창피를 주거나, 또는 다른 파괴적 행동을 하지 않습니다. 그리고 자신의 행동의 책임을 다른 사람에게 떠넘기지 않습니다. 자기 자신을 돌보는 사람들은 모욕을 함으로써 그들의 인간관계를 배반하는 일이 없습니다. 자기 자신을 사랑하지 않는 사람들은 쉽게 부도덕한 사람들에 의해 증오와 파괴를 위한 수단이 됩니다. 그들은 본질적으로 이들을 정

신적인 예속 상태로 몰고 가는 힘을 발산합니다. 끊임없는 회유가 이것의 좋은 예가 됩니다.

좋은 인간관계와 적당한 사랑의 행동은 자기를 비하시키지 않고 자기의 가치를 잘 알며 자신을 사랑하는 사람들이 감당할 수 있는 일이다. 자기에 대한 확고한 신념을 갖고 자신을 사랑하는 일 대신에 열등감의 소유자들은 자신을 사랑하지 못하고 늘 자신을 깎아 내리고 또한 부적절한 감정들 속에 있기 때문에 그들의 내면은 늘 불편하고, 불안하고, 두렵고, 기쁨이 없는 것이다. 그리고 다른 사람들이 나를 언제나 경시하고, 무시하며, 헐뜯는다고 생각하기 때문에 불신과 소외감이 생기게 되어 두려움과 불안과 방어로 이어지는 일은 자연스런 결과라고 할 수 있다.

영적인 장애와 포로 된 상태

신앙생활을 할 때에도 그들의 마음속에는 불신과 의심이 있기 때문에 하나님의 사랑을 그대로 받지 못하고 '나 같은 것이 어떻게 그 사랑을 받을 수 있나?' 하는 의심 가운데에 머물러 있다. 특별한 계기가 없는 한 하나님이 주신 부르심과 사명을 따르지 못하고 오히려 큰 부담을 갖거나 뒤로 물러선다. 그러므로 영적 성장은 매우 늦고, 오랜 신앙생활에도 불구하고, 이방인처럼 되고, 진정한 신앙을 소유하고 누리기가 참으로 어렵다.

하나님과의 관계뿐 아니라 교우들과의 관계에서도 마찬가지다. 열등감이 심해져 그것에 얽매이게 되면 의존적 자아가 발달되어 사람에게 종속되기도 하고, 모든 정상적인 관계가 불가능해지고 대인

기피증을 갖게 된다. 그리고 부담을 주는 일은 다 포기하게 되어 결국 무능력하고 쓸모없는 사람으로 전락하기가 쉽다.

사울 왕과 열등감

처음에 성경에 나타난 사울은 겸손한 사람처럼 보였다. 그는 베냐민 지파, 기스의 아들로 출신도 훌륭하고 인물도 출중했으나 자신은 열등하다고 느끼고 있었다(삼상 9:1-2, 21). 그가 제사장인 사무엘을 기다리지 못하고 제사를 자신이 먼저 드린 것은 열등감에서 나온 두려움의 발로 때문이라고 볼 수 있다. 곧 백성들이 자기를 버리고 떠날까 하는 두려운 생각들이 지배적이었고, 또한 자신감이 없었기 때문이었다. 훗날 그가 다윗을 향해 가졌던 열등감은 심각한 수준의 것으로 사울을 파멸로 이끌었다.

> "그 날 후로 사울이 다윗을 주목하였더라 그 이튿날 하나님께서 부리시는 악령이 사울에게 힘 있게 내리매 그가 집 안에서 정신 없이 떠들어대므로 다윗이 평일과 같이 손으로 수금을 타는데 그 때에 사울의 손에 창이 있는지라 그가 스스로 이르기를 내가 다윗을 벽에 박으리라 하고 사울이 그 창을 던졌으나 다윗이 그의 앞에서 두 번 피하였더라 여호와께서 사울을 떠나 다윗과 함께 계시므로 사울이 그를 두려워한지라"(삼상 18:9-12).

사무엘상을 통해 우리가 알 수 있듯이 그는 스스로 자신감을 잃고

있었고, 딸의 혼사 등 많은 결정이 자신의 열등감을 감추려는 부적절한 형태로 드러나곤 했다. 또한 말기에는 주변 가까운 사람들, 아들, 딸, 사위, 제사장, 백성들과의 관계가 점점 멀어져 갔다. 특히 다윗을 쫓는데 온 정력을 낭비하다가 결국 블레셋 인에게 전사당하는 것이 두려워 자결하고 말았다.

사울의 모습은 열등감 때문에 평생을 괴롭게 사는 한 인생의 모습을 구체적으로, 생생하게 보여주고 있다. 참으로 안타깝고 가슴 아픈 일이었다.

일국의 왕이었고 모든 것을 누리며 또한 나누며 살 수 있는 사울 왕에게, 열등감이라는 괴물은 그 삶을 파멸 가운데로 인도하고, 삶을 허비하도록 만든 것이었다.

열등감을 치유하기 위한 자존감의 이해

자아 존중감은 자기 자신에게 가치를 부여하고 자기 자신을 귀히 여김과 사랑, 그리고 진실성을 가지고 대할 수 있는 능력을 말합니다. 사랑을 받는 사람은 누구든 변화에 대해 개방적입니다. 우리의 몸도 다르지 않습니다. 오랫동안 어린아이들을 가르치고, 각계 각층의 가족들을 다루어 보고, 여러 직업을 가진 사람들을 만나면서 전문적 그리고 개인적 삶의 모든 경험으로부터 나는 사람 내부에서 그리고 사람과 사람 사이에서 일어나는 모든 일의 결정적 요인은 자기 가치감이라는 것을 알게 되었습니다.

성실, 정직, 책임감, 정열, 사랑 그리고 능력 모두는 자아 존중감이 높은 사람들로부터 나오는 것입니다. 우리는 중요하며, 우리가 존재하기 때문에 세상은 더 살기 좋은 곳이라고 느낍니다. 우리는 우리 자신의 능력을 믿습니다. 다른 사람에게 도움을 청할 수도 있지만, 우리는 스스로 결정할 수 있고 결국 자신이 가장 훌륭한 자원임을 믿습니다. 자신의 가치에 감사하며 다른 사람들의 가치를 인정하고 존중할 준비가 되어 있습니다. 우리는 신뢰와 희망을 발산합니다.

사티어는 그 상담과 치유에서도 자존감의 필요성을 가장 중시하였고, 자존감을 '사람 마음에 있는 솥' 이라고 묘사하였다. 그리고 이 자존감은 우리의 행동과 표현뿐만 아니라 감정, 사고, 인격 전체에 드러난다고 말하고 있다.

생기 넘치는 사람은 대부분의 시간을 솥이 가득 찼다고 느낍니다. 정말로 우리 모두는 피로가 쌓일 때라든가, 이 세상이 삽시간에 많은 실망을 안겨 주었다든가, 또 인생의 문제가 우리가 해결하기에는 너무 벅차 보일 때, 당장 다 집어치우고 싶을 때가 있습니다. 하지만 생기 넘치는 사람들은 이렇게 일시적으로 솥이 비었다고 느껴지는 기분을 있는 그대로 받아들입니다. 한 순간의 위기로 말입니다. 이 위기는 우리의 새로운 가능성을 낳는 산고의 과정이 될 수도 있습니다. 우리는 그 순간에 두려움을 느낄 수도 있지만 숨길 필요는 없습니다. 우리는 이 총체적 위기 속에서 빠져나올 수 있다는 사실을 압니다.

그렇다. 건강한 자존감을 갖고 있는 사람은 위와 같이 될 수 있다.

자신이 건강하고 바른 자존감을 이해하고 소유하고 있다는 사실은, 삶에 가장 소중한 보물, 에너지의 원동력이며 마음에 흐르는 샘의 근원을 갖고 있는 것과 같다. 성경적인 바른 자존감은 무엇인가? 하나님께서 나를 귀하게 보시듯, 나도 나를 귀하게 보는 것이다. 곧 '다른 사람의 눈을 통해서 본 나' 그리고 '내가 잘못 생각하는 나'가 아닌 주님의 시선을 통해서 나를 보는 것이다.

자존감이 좋은 사람은 당당하고, 에너지가 흐르며, 다른 사람에게 많은 것을 요구하지 않는다. 자신에 대한 그림이 좋기 때문에 더욱 삶에 여유가 있고, 행복을 추구하며, 다른 사람에게서 무엇인가를 얻으려고 발버둥 치지 않는다.

열등감의 치유

자신이 열등감의 소유자임을 먼저 인정하고, 또한 회복하고 싶은 열망을 가져야 한다.

자존감이 낮기를 원하거나, 보잘것없는 자존감으로 태어나기를 원하는 사람은 아무도 없다. 그러나 어린 시절부터 겪어야 했던 가정환경, 부모환경, 이웃환경 혹은 질병이나 재해 그리고 타고난 불구나 부족한 능력 등등으로 생긴 열등감은 자신과 그 주위 사람들을 괴롭히고, 마치 삶 자체가 올무에 갇혀 있는 것처럼 한 사람을 왜곡되게 살도록 한다.

그러므로 자신이 먼저 열등감의 소유자라는 것을 빨리 알아차리고 인정하는 것은 너무나 중요한 일이다. 지금 이곳에 열거되는 단어

들과 아직도 나 자신이 깊은 관련이 있는가 생각해 보자.

> 죄책감, 비난, 과민성, 혹평성, 당혹감, 거만함, 책임전가, 비난받는 느낌, 자기부인, 비교로 인한 아픔, 소외감, 시기와 질투 등등

위의 단어 중 몇몇이라도 자신과 익숙하게 느껴지는 것들이 있다면, 이미 당신은 열등감과 연관을 맺고 있는 사람이라는 것을 알 수 있을 것이다. 그리고 그 말들이 내 안에 깊이 자리 잡고 있다는 것은 아직도 자기 자신에게 적합한 가치를 부여하지 못하며, 다른 사람들에게 무엇인가를 많이 요구하고, 비교하며, 자신을 비하시키고 또 한편으로는 다른 사람에게 무엇인가를 얻지 못하고, 동시에 줄 수도 없는 피해의식을 갖고 있음을 말한다. 먼저 자신이 열등감의 소유자임을 인정하라. 그로 인한 힘든 삶을 알기에 그것을 벗어버릴 준비와 각오를 내 스스로가 결정하는 것이다.

주님 안에서 나는 얼마나 귀중한 존재인가?

흔히 열등감의 소유자들은 타인과 부모, 주위사람들의 생각과 말에 따라 인생을 살아왔고 나를 평가해 왔다. 그러나 우리 모두는 우리의 참모습을 알아야 한다. 곧 '하나님의 말씀'에 근거하여 자신의 바른 정체감을 세우고 그에 따른 존재감을 가져야 하는 것이다. 주님이 나를 귀하게 보시듯 나도 나를 귀하고 소중하게 바라보는 바른 눈이 있어야 한다. 여기에 소개하는 작자 미상의 시는 이를 잘 표현하고 있다.

나는 숨바꼭질하는 아이지요.
나는 누군가를 기다려요.
이름을 부르며 '찾았다' 고 말하는 그 누군가를
주님, 당신이 바로 그렇게 하셨지요!
당신이 나를 발견하셨지요.
가장 어리석고 가장 슬픈 곳에서
오랜 원한 뒤에 숨은
죄책감에 엉겨있는
성공으로 숨이 막혀 있는
아무도 듣지 않는 흐느낌으로 목이 메어 있는 나를
당신이 나를 발견하셨지요.
나의 이름을 속삭이듯 부르며
 '찾았다' 고 하셨지요.
나는 당신을 믿는답니다.
당신의 말씀이 의미하는 바를 믿는답니다.
이제 내면의 눈물이 울음 되어
뺨을 적십니다.
이제는
숨바꼭질 놀이 그만하렵니다.

사람은 누구나 고귀하고 소중한 존재이다. 어린 시절에 칭찬이나 사랑이 부족한 부모나 환경 안에서 자랐기 때문에 나를 비난하고, 비하시키는 습성이 비록 있다 할지라도, 지금부터라도 내 모습을 바로 보고 알아야 한다. 눈을 바로 떠야 한다. 내가 얼마나 귀중한 존재라

는 것을 확실히 알고 경험하는 것은, 우리에게 상당히 많은 변화를 가져다 줄 수 있다.

다음의 이 구절은 우리의 귀중함과 가치 있는 존재감을 잘 드러내고 있는 말씀 중의 하나이다.

> "우리는 그가 만드신 바라 그리스도 예수 안에서 선한 일을 위하여 지으심을 받은 자니 이 일은 하나님이 전에 예비하사 우리로 그 가운데서 행하게 하려 하심이니라"(엡 2:10).

여기에서 보여주듯이 "우리는 그의 만드신 바라"의 뜻을 헬라어 원어 성경으로 보면 '눈에 띨 만큼 뛰어난 사람'(a person of notable excellence)을 의미한다. 우리는 우리의 잘못된 눈과 타인의 눈으로 나를 바라보고 있기에 '나는 뛰어나지 않은 사람', '행운이 별로 없는 사람', '그냥 내세울 것이 없는 사람'이라고 생각한다. 그러나 성경은 하나님께서 우리를 만드셨기에 우리를 뛰어난 존재라고 말씀하신다. 우리가 하나님이 우리를 보시는 눈으로 자신을 바라보게 되면 많은 것이 달라지게 된다. 곧 내 스스로가 나를 훌륭한 피조물로 보게 되고, 그렇게 생각하는 것이다.

사도 바울도 고린도후서에서 우리가 '새로운 피조물' 임을 적고 있다.

> "그런즉 누구든지 그리스도 안에 있으면 새로운 피조물이라 이전 것은 지나갔으니 보라 새 것이 되었도다"(고후 5:17).

그렇다. 우리는 확실하게 새로운 피조물이 된 것이다. 그분의 자녀가 되었고, 귀한 상속자가 되었으며, 친구가 되었다. 그러므로 더 이상 과거에 버려야 할 것들, 여러 상처들과 환경에서 온 아픔들과 괴로움을 여전히 짊어지고 살 필요가 없는 것이다.

낡은 과거의 테이프를 듣고 괴로워하는 일을 이제는 버려야 한다. 특별히 과거의 무력함, 열등감, 무능함을 벗어버릴 때가 된 것이다. 과거의 잘못된 테이프를 버리고 새로운 것으로 다시 입력을 시작해야 한다.

'나는 새로운 존재이며, 뛰어난 장점이 있는 사람이며, 그분의 자녀이고 상속자이다. 그리스도 안에 있는 의미 있는 존재이다. 그리고 나는 축복의 사람이며, 축복을 줄 수 있는 새로운 피조물이다.'

여기에서 스탠리 목사님의 고백을 들어보자.

당신이 하나님께서 당신을 창조하신 본래 의도를 벗어나서 다른 어떤 것이 되려고 발버둥치는 일을 그만둘 때, 당신은 진정한 자족감을 얻을 수 있다. 예를 들면, 다른 사람에게 인정받기 위해, 하고 싶지 않는 일을 하거나, 일부러 다른 모습으로 보이려는 일 등을 그만두어야 한다. 참된 만족은 인위적인 자아 개선 프로그램에서 오는 것이 아니다. 궁극적으로 하나님만이 최고의 자아 개선 계획을 가지고 계신다. 그 계획은 당신에게 안성맞춤이다. 그분의 계획만이 당신을 긍정적이고, 영원히 지속적이며, 완전히 유익하고, 어떤 부작용도 없는 방법으로 재창조하는 유일한 계획이다.

하나님이 우리를 창조하신 본래 의도는 우리가 타인들에게 인정받기 위해, 그래서 나를 채우려 하는 가짜 행동들을 하며 나를 가장하는 것이 아니다. 또한 우리가 환경과 다른 사람들에 의해 자신이 억눌려서, 자신을 잘못 평가하고 비하시키며, 비교 속에서 괴로움을 당하며 살아가는 것이 아니다. 오히려 그 반대이다. 나를 완전하게 영원히 지속적으로 사랑하시는 그 분 안에서 나의 귀중함과 가치감을 인정하며, 감사하며, 당당하게 주신 은사와 잠재력을 발휘하며 아름답게 살아가는 것이다.

또한 우리는 하나님께서 우리를 얼마나 사랑하시며, 함께 교제하고 싶어하시며, 좋은 것을 예비하시고 늘 주고 싶어하시는지를 말씀을 통해서 어느 정도는 알고 있다. 그러나 우리의 이성과 상상을 초월하는 이 사실들을 마음으로 확실하게 깨달을 때, 우리는 더할 수 없는 확신과 감사와 건강한 자신감에 차게 될 것이다. 하나님의 그 측량할 수 없이 크고 깊은 사랑을 확실하게 알고 누릴 수 있다면 그와 동시에, 다른 사람들에 대한 기대나 사랑은 부차적인 것이 될 수가 있는 것이다.

여기에 나오는 문구에 자신의 모습을 생각하며, 적합한 문장들을 이용해 보기를 권장한다.

나는 _____ 사람입니다.
(_____ 부분에 이 말들을 넣어서 크게 읽어 보기)

사랑스럽고, 소중하며, 귀하고, 능력 있는
중요한, 의미 있는
하나님의 소중한 자녀, 상속자, 친구

적당한, 독특한, 아름다운

나의 느낌들과 필요와 가치들을 가질 수 있는

실수할 수도 있는

나에게 있는 것들을 즐길 수 있는

인간적인, 너무나 인간적인

어떤 사람들과 같은, 어떤 사람들과는 같지 않는

내가 태어난 것으로도 기뻐할 수 있는

내가 하고 싶은 것을 할 수 있는

나의 강점이나 장점들을 발견하고, 그것들을 즐겨라.

열등감 때문에 고통받는 사람들의 대부분은 자신의 바른 모습들을 알지 못하기도 하지만 또한 자신이 가진 장점들을 모르거나 간과하며 살고 있다. 먼저 자신만이 갖고 있는 강점이나 장점들을 알아보라. 그리고 자신의 그 강점을 즐기고 기뻐해 보라. 오히려 단점들이 약화될 수 있다. 또한 자신도 모르는 에너지가 생기며, 내면에 흐르는 생기를 느낄 수 있다.

자기 자신을 열등하다고 느끼거나, 부족하다고 느끼고 있는 사람들은 의외로 자기가 지닌 강점을 주위 사람들이 일러주어도 그 사실을 믿으려고 하지 않는다. 겉으로는 잠시 인정을 하는 것 같지만 그 내면에서는 불신이 그대로 남아 있다. 늘 자신의 단점을 자책하며, 비난하는 일에 익숙하기 때문이다. 자신의 관점이 잘못되어 있다는 것을 미처 생각하지 못하는 것이다.

그러나 우리는 모든 사람에게는 다른 사람들이 가질 수 없는 독특한 강점이나 장점들이 자신에게 있다는 것을 알아야 한다. 그리고 그

것을 발견하고 즐기는 일은 삶을 보다 즐겁게 할 뿐만 아니라 일상에 에너지가 흐르게 하고 우리의 삶에 생기를 갖도록 해준다. 곧 나의 강점들을 좋아하며, 즐기고, 동시에 어쩔 수 없이 내가 수용해야 할 단점과 환경을 인정하고 받아들이는 일은 삶에 말할 수 없는 자유를 느끼게 한다. 그리고 행복을 느끼게 한다. 뿐만 아니라, 지금까지 나를 괴롭혀 왔던 타인의 평가나 환경이 가져다주는 억눌림에서 벗어날 수 있도록 한다.

자신이 알고 있는 장점들을 지금 기록하여 보라. 많이 기록될수록 좋다. 조용한 시간을 택하여 자신을 더욱 탐색하다 보면, 자신도 미처 몰랐던 것들을 깨달을 수 있다. 또한 나를 좋아했던 주위 사람들이 전에 말해왔던 나의 장점들이 있었다면, 그것들도 생각해 보라. 물론 타고난 능력이나 재능과 장점은 다를 수가 있지만, 같이 느낄 수도 있다.

다음에 열거된 25가지 중에서 당신이 해당되는 것들을 찾아보고, 그것들을 즐기며 더욱 발전시켜 보라.

① 나는 열정이 있다.　　② 나는 유머 감각이 있다.
③ 나는 호기심이 있다.　　④ 나는 학구열이 있다.
⑤ 나는 사고력이 좋다.　　⑥ 나는 판단력이 좋다.
⑦ 나는 창의성이 있다.　　⑧ 나는 사회성이 있다.
⑨ 나는 예측 능력이 좋다.　⑩ 나는 용감성이 있다.
⑪ 나는 끈기가 있다.　　⑫ 나는 시민 정신이 좋다.
⑬ 나는 공정성이 있다.　　⑭ 나는 지도력이 있다.
⑮ 나는 신중함이 있다.　　⑯ 나는 지조가 있다.

⑰ 나는 자기 통제력이 있다. ⑱ 나는 신중함이 있다.
⑲ 나는 감상력이 좋다. ⑳ 나는 겸손하다.
㉑ 나는 감사한다. ㉒ 나는 희망이 있다.
㉓ 나는 영성이 있다. ㉔ 나는 친절하다.
㉕ 나는 사랑이 있다.

대부분의 사람들은 서너 가지, 많게는 대여섯 가지의 강점들을 지니고 있다고 한다. 참고로 필자의 강점은 위에서 열정, 호기심, 학구열, 영성, 감사를 꼽고 싶다. 그 외에도 어느 정도는 갖고 있는 것들도 있다. 이러한 강점을 자신이 스스로 인정할 수 있게 되면, 어느 정도는 자신에 대한 좋은 의미의 프라이드를 느끼게 된다. 또한 일, 사랑, 자녀 양육, 봉사에까지 그 장점이 발휘될 수가 있다.

아래의 여러 가지 기준들을 참고한다면 당신은 자신의 강점들을 더 확실하게 찾을 수 있다.

- 이것은 진짜 나다운 것이라는 자신감이 들 때가 많다.
  (예, 열정, 호기심, 감사, 신중성 등)
- 이것은 처음 습득한 후 다른 것보다 급속하게 발전한다.
- 그 강점을 활용할 때는 신이 나고 제어하기가 힘이 든다.
- 그 강점을 발휘하는 동안은 피곤하지가 않고 오히려 의욕이 솟는다.
- 그 강점을 활용할 수 있는 방법을 연구하며, 계획을 짜본다.
- 이것을 보면 꾸준히 발전시키고 싶어서, 열정을 그 곳에 쏟아 붓는다.

위의 조건들에 한두 가지라도 부합되는 것이 있다면 그것이 바로 당신의 강점이다. 자주 이를 사용하며 발전시키고 만족과 즐거움을 느껴보라. 열등감은 자신도 모르는 사이에 살며시 사라지고 말 것이다. 그리고 훨씬 더 생기 있는 시간들을 보낼 수 있게 될 것이다.

자신을 주님 안에서 양육시키며, 성숙시키는 일을 시작하라.
우리 모두는 '그리스도의 장성한 분량' 까지 자라나야 하고 성숙되어야 할 사람들이다. 영적인 삶뿐만 아니라 일상생활에서도 무엇인가를 이루게 되고, 자신이 성숙되어 감을 느끼게 되면, 우리는 스스로를 보는 관점이 서서히 달라지게 된다. 나도 모르게 내면에서 나오는 '내가 조금씩 달라지고 있어' 혹은 ' 예전의 나는 아니야, 나는 좋은 방향으로 많이 나아 가고 있어' 혹은 '앞으로는 더욱 잘할 것 같은데' 등등의 생각과 느낌이 자라잡기 시작한다. 그리고 그렇게 되면, 열등감은 사라지게 되고 건강한 자존감으로 바뀔 수 있는 것이다.
스탠리 목사는 자신의 열등감과 불안을 놓고 무수히 기도하며 치유를 경험하여 이렇게 쓰고 있다.

당신이 지금도 열등감으로 괴로워하고 있다면 주님께 이렇게 아뢰라.
"주여, 나는 주님께서 내 모든 잠재력이 발휘되게 하실 수 있음을 믿습니다. 당신만이 나의 능력을 아십니다. 당신만이 나의 잠재력이 어떻게 나타날 수 있는지 아십니다. 당신만이 나의 잠재력이 성취되기 위해서 필요한 상황과 도전과 계기와 만남을 아십니다. 주님께서 내 삶에서 이것들을 이루실 줄 믿습니다. 주님께서 내게 하

라고 보여 주신 것을 다 하겠습니다. 주님께서 내게 맡기신 일이 어떤 것이라도 그 일에 최선을 다하겠습니다. 하지만 오늘부터는 내 힘으로 완벽해 보려고 발버둥 치는 일은 그만두겠습니다. 내 능력으로 완벽을 추구하는 일은 포기하겠습니다."

얼마나 우리에게 도전을 주는 말인가? 우리 모두에겐 하나님만이 아시는 잠재력이 있고, 그것이 성취되고, 열매 맺기를 간절히 원하시는 분도 하나님이다. 또한 이제 우리는 성인이 되었기 때문에 내 자신이 나를 위로할 수 있고 또한 성숙시킬 수 있으며, 자신의 숨어있는 능력이나 잠재력을 활용할 수가 있는 것이다. 또한 말씀을 통해서도 내 자신을 위로하며 격려하고 힘을 실어 줄 수가 있다.

아직도 내 안에 울고 있는 아이가 있다면, 자기와의 대화(self-talk)를 통하여 자신을 위로하고 격려하라. 기도 속에서 그 아이를 끌어안고 그의 원함이나 열망을 들어주라. 격려와 위로와 칭찬의 스트로크를 해주라. 한두 번 정도는 마음껏 울고 슬퍼하라. 그렇게 하고 난 후에도 자신에게 성장과 위로의 메시지를 주라. 어린 시절의 슬픔을 대면하고, 슬퍼하고 많이 울었다 할지라도 지속적인 돌봄과 성숙은 필요하다. 노만 라이트가 쓴 이 글을 읽어보자.

어린 시절에 경험해 보지 못했던 사랑과 보호를 주는 부모 역할을(자기 자신이 부모처럼 되는 것을 -저자 삽입) 배우게 되면, 이제는 더 이상 어렸을 때 부모가 해주지 못한 역할을 다른 사람에게 기대하는 노력을 중단하게 된다. 이 일은 한두 번으로 끝나는 작업이 아니라 계속되어야 하고, 각자가 하루 중 얼마의 시간을 내어서 자신

의 '내면 아이와의 대화'를 계속하고 돌보는 것이 가장 권할 만한 방법이다. 즉 내면의 상처를 바라보고 스스로 돌볼 수 있는 꾸준한 훈련이 필요하다. 교정적 학습체험이 실제 생활로 옮겨지도록 도와야 한다.

하나님께서는 우리가 원하는 것보다도 더 치유와 변화를 원하시며, 우리를 성숙시키기 원하시고, 더욱 쓰시기를 원하고 계신다. 이 사실을 깨닫고, 더 이상 나를 비하시키거나, 비교하여 괴롭힐 필요가 없다. 이미 자기의 모습을 알았으면 말씀을 통해서 혹은 자신이 줄 수 있는 성장의 메시지를 통해서, 지금부터 성장을 꾀하고, 성숙을 향해서 나아가는 것이다. 아래의 기도는 작자 미상의 기도인데, 반복해서 자주 하게 되면 부정적인 자기의 모습을 교정할 수 있고, 하나님의 눈을 통해 자신을 볼 수가 있어서 열등감에서 벗어날 수 있다.

> 나는 하나님의 자녀입니다.
> 하나님은 나를 창조하셨고 나를 사랑하십니다.
> 나는 태어나기 전에 하나님과 함께 있었습니다.
> 그분은 그때 나를 아셨고 지금 나를 완전하게 아십니다.
> 하나님은 있는 모습 그대로 나를 사랑하십니다.
> 있는 모습 그대로 나를 용납하십니다.
> 나는 용납받을 만하며 사랑스러운 사람입니다.
> 하나님의 아름다운 자녀입니다.
> 무한한 가치를 갖고 있습니다.
> 나는 개별적으로 창조되었습니다.

모든 면에서 독특합니다.
하나님은 독특한 사람으로 나를 창조하셨고
나를 사랑하십니다.
하나님은 나를 그분 자신의 것으로 선택하셨습니다.
하나님은 내 속에 살아 계시며 나는 그분 속에 살아 있습니다.
그분은 내 안에 거주하시며 나를 그분의 자녀라고 부르십니다.
그분은 내가 충분하며 풍성하게 살기를 원하십니다.
그분은 나를 자유롭게 하시며 나에게 기쁨을 주십니다.
오직 그의 은혜를 통해 생명이라는 선물을 주십니다.
나는 오늘도 하나님의 사랑을 받아들일 것이며
그분이 나를 영원히 사랑하실 것임을 압니다.
나는 내가 실제적인 모습을 가진 사람임을 인해
하나님께 감사드립니다.
나를 창조하시고 나에게 생명 주심을 감사드립니다.
진실과 사랑 생명을 인하여 그분께 감사드립니다.

자신을 주라.

"내가 진실로 너희에게 이르노니 너희가 여기 내 형제 중에 지극히 작은 자 하나에게 한 것이 곧 내게 한 것이니라"(마 25:40).

다른 사람을 섬기기 위해 진심으로 나를 내어줄 때 열등감은 물러가고, 건강한 나의 자아상을 찾게 된다. 자기가 갖고 있는 재능, 시간, 돈, 사랑 등을 다른 사람에게 주는 것은 여러 가지 면에서 우리에

게 성장과 만족을 가져다준다. 우리가 아는 소수의 사람들은 다른 사람을 섬기며, 거기에서 많은 의미와 보람을 경험하며 살았다. 테레사 수녀가 그랬고 슈바이처도 그랬고, 수많은 선교사들이 그랬다. 자신이 필요한 사람에게, 그리고 도움이 진정으로 필요한 사람을 섬기고, 도와줄 때 우리는 먼저 자신에 대해 좋은 느낌을 갖는다. 그리고 더 나아가 진정한 보람과 만족과 희열을 느끼게 된다.

그러나 열등감으로 고생하는 사람이 타인을 위해 봉사하고, 돕는다는 것은 그렇게 쉬운 일이 아니다. 그런데 성경의 이 말씀은 자신을 주는 것이 얼마나 아름다운 일이며, 자신에게도 유익한지를 나타내고 있다.

> "주린 자에게 네 심정이 동하며 괴로워하는 자의 심정을 만족하게 하면 네 빛이 흑암 중에서 떠올라 네 어둠이 낮과 같이 될 것이며 여호와가 너를 항상 인도하여 메마른 곳에서도 네 영혼을 만족하게 하며 네 뼈를 견고하게 하리니 너는 물 댄 동산 같겠고 물이 끊어지지 아니하는 샘 같을 것이라"(사 58:10-11).

데이빗 칼슨은 그의 저서 《자존감》(*Counseling and self-esteem*)에서 이렇게 쓰고 있다.

 나는 이 본문을 다음과 같이 읽어 본다.
"너희가 다른 사람을 도와줄 때 너희의 얼굴은 정오의 해같이 밝게 빛나게 될 것이다." 그러므로 다른 사람을 돕는 것은 자존감을 세우기 위한 처방전의 일부가 될 수 있다.

우리가 줄 수 있는 자아를 가지고 있을 때 자신을 가장 잘 줄 수 있다. 우리는 자기 자신이기 위하여 우리의 느낌과 필요, 가치, 관심, 신념 -자기의 정체성- 을 인식해야만 한다. 예를 들면, 예수님은 자신이 누구인지를 아셨기 때문에 자신을 주셨던 것이다.

자신을 내어주며, 순수한 마음으로 봉사하며, 도움이 필요한 자를 도와주라. 거기에서 얻게 되는 만족과 보람은 열등감을 넘어서서 자신의 정체성을 갖게 하는 데에 많은 도움을 준다.
　더 나아가 나 자신을 가치 있고 유익한 사람이라고 느끼게 된다. 그리고 나의 달란트와 재능을 인식하게 되며, 나 자신을 신뢰하게 되는 것이다. 또한 다른 사람들을 사랑하고 섬길 때, 우리의 사랑은 좀 더 완성이 된다. 그리고 그 사랑을 베풀수록 기대하지 못한 사랑을 받게 된다. 이런 과정 속에서 열등감의 상처는 치유된다.

*서로 나누기

1. 열등감을 많이 갖게 되는 어린 시절의 가정환경과 자기 안에 있는 고통은 무엇인가? 자신의 진솔한 이야기들을 나누어 보자.

2. 열등감으로 인하여 일어나는 어려운 관계 장애는 무엇이며, 주로 나타나는 현상들은 무엇인가?

3. 구약 사무엘서에 등장하는 사울 왕의 치명적인 열등감과 그 대처 방법에 대해 나누며, 나의 느낌을 돌아가며 나누어 보자.

4. "열등감을 치유하기 위한 자존감의 이해"를 읽고 성경에서 말하는 건강한 자존감의 의미는 무엇인지 같이 나누어 보자.

5. 죄책감, 비난, 과민성, 혹평성, 거만함, 책임전가, 자기부인, 비난받는 느낌, 비교의 아픔, 소외감, 시기와 질투 - 이중에서 내가 확실하게 느끼고 있는 것은 무엇인가? 나누어 보자.

6. 나는 왜 우주와도 바꿀 수 없을 만큼 귀한 존재인가?

7. 나에게 확실하게 있는 장점은 무엇이며, 어떻게 알 수 있는가?

8. 나를 주님 안에서 성숙시키고, 발전시키기 위해 내가 지금부터 해야 할 일은 구체적으로 무엇인가?

* Notes (주)

5장

1. Virginia Satir, *The New People Making*, Science and Behaviour Books, p. 21.
2. Charles Stanley, *The Source of my Strength*, p. 104.
3. Virginia Satir, *The New People Making*, p. 24.
4. *Ibid*, p. 41.
5. *Ibid*, p. 121.
6. Charles Stanley, *The Source of my Strength*, p. 110.
7. *Ibid*, p. 124.
8. Norman Wright, *Making with Your Past*, p. 128.
9. 데이빗 칼슨, 《자존감 상담시리즈》, 두란노 p. 232.

6장 우울증의 이해와 치유

/ 우울증의 원인은?
/ 우울증과 분노
/ 우울증과 선택
/ 우울증에 대한 잘못된 생각들
/ 우울증의 치유

6장 우울증의 이해와 치유

우울증은 어느 특정한 사람에게만 찾아오는 것은 아니다. 그리고 많은 사람들은 우울증에 대해 그저 침울하고 불쾌한 정도의 것으로 생각하기가 쉽다. 혹은 어떤 사람들에게는 삶에 있어서 정신적인 불구가 된 것처럼, 자신의 기능을 거의 발휘할 수 없다고 느끼는 감정 상태를 말하기도 한다.

우울증에 관한 일반적인 정의는 "인생을 비관적인 시각으로 바라보도록 만들어 가는 슬픔이나 절망적인 감정 상태"라고 할 수 있다. 그리고 그와 함께 일어나는 것들은 집중력 감소, 의욕저하, 불면증, 불안감의 증가, 홀로 있음, 식욕 감소나 증가, 성욕 감소, 신경이 날카로워짐, 분노, 원망감, 비관적인 사고들 등이다.

아래의 사항들을 읽어보고, 자신에게 해당되는 것을 체크해 보자.

- 즐거움을 전혀 느낄 수가 없다.
- 나는 일상적인 일들이 권태롭게만 느껴진다.
- 우두커니 앉아서 혼자서 그냥 보내는 시간이 많다.
- 특별한 이유 없이 자신이 쓸모없고 잘못된 재수 없는 사람이라는 생각이 든다.
- 늘 슬프고 의기소침하며 우울하다.
- 평소보다 짜증이 나고 감정적이다.
- 식욕이 자꾸 떨어져 먹고 싶지가 않다.(혹은 그 반대이다.)

- 쉽게 잠들 수가 없다.(또는 한번 잠이 들면 깨어나기가 어렵다.)
- 불안, 초조, 공포를 점점 더 강하게 느낀다.
- 작은 자극에도 전보다 훨씬 더 화가 난다.
- 성욕이 떨어졌다.
- 정신이 집중되지 않고, 전처럼 머리가 돌아가지 않는다.
- 나는 늘 일을 망치고 있는 무능력자라는 생각이 든다.
- 전보다 자주 죽음에 대해 많은 생각을 한다.
- 좋은 일이 일어나도 좋지가 않고 무감각하다.
- 아침이나 새벽에는 기분이 나쁘고, 저녁이 되면 나아지는 편이다.
- 전보다 더 슬프고 많이 우는 편이다.(또는 슬픈데도 울지를 못한다.)
- 내 자신에 대한 실망감이 크고, 다른 사람에 대해서는 관심이 없다.
- 특히 나의 건강에 대해 많이 불안하다.

* 이중에 5개 이상이 나왔다면, 그것도 그냥 지나가는 현상이 아니고, 1주일 이상 같은 상태로 고통을 당하고 있다면 누군가의 도움이 필요하다. 이 책을 끝까지 읽어 보고 자신의 모습을 바로 보며 변화가 있기를 기대한다. (전문가의 도움이 필요하다고 느끼면, 곧바로 시행하기를 바란다.)

우울증의 원인은?

우울증을 충분히 유발할 수 있는 일반적인 스트레스 요인들 중에는 다음과 같은 것들이 있다.

- 가족이나 절친한 친구의 죽음
- 이혼이나 별거
- 직장에서의 예측하지 못한 큰 변동들(그 변동이 충격적일 경우)
- 사고로 인한 신체적인 손상이나 만성적인 질병
- 오랫동안 지속된 부부 갈등의 문제들
- 은행 파산, 세금, 잘못된 투자 등의 문제로 인한 경제적인 불안정
- 자신이 속한 공동체 안에서 적응하지 못하여 자리를 잡지 못하는 상황
- 자녀와의 긴장 관계나 자녀 양육에 과중한 부담을 갖고 있는 상황
- 배우자의 부정
- 알코올이나 각종 중독으로부터 회복하기 위해 고투하고 있음
- 직장 동료나 상사와의 오래된 갈등, 일에 대한 불만
- 친밀한 우정 관계의 상실, 특히 친구로부터 거절당한 경우
- 은퇴한 후 활동을 거의 하지 않고 혼자서 무력하게 지낼 때
- 결혼이나 학업 때문에 자녀들을 다 떠나보내고 '빈 둥지' 증후군에 빠진 경우
- 법적으로 발생한 큰 문제들

위와 같은 문제들은 어느 한 가지라도 사람들을 우울증에 빠뜨릴 수 있으며, 여러 가지 일을 동시에 겪게 된다면 문제는 더욱 심각하게 된다. 자신이 정상적이고, 차분할 때에도 이러한 문제들은 혼자서 감당하기가 어려운 문제들이다. 더욱이 이 예기치 못한 상황들을 어려운 상황에서 대처하려면 누군가의 도움이 꼭 필요하다. 그런데도 우울증으로 고통을 당하는 사람들은 쉽게 상담사나 병원을 찾아 가는 것이 아니다. 많은 망설임과 주저함 때문에 더욱 더 큰 고통을 당하기가 쉽다.

깊은 우울한 감정 때문에 고민을 하는 사람들은 자신의 감정과 상

태를 말하면서 이렇게 말을 하기도 한다.

"선생님, 나의 원래 모습은 이렇지가 않습니다. 물론 좌절감과 어려움이 없는 것은 아니지만, 나는 잘 웃고 활기가 있었어요. 지금은 사소한 문제도 크게 느껴지고 늘 머릿속에는 먹구름이 꽉 차 있는 느낌이에요. 어떤 때는 마치 내가 다른 무기력한 사람이 된 것 같아요. 지금 내가 웃어도 그것은 겉으로만 그럴 뿐이지, 내 속마음이 웃고 있는 것이 아니에요. 정말 나는 나의 원래 모습대로 갈 순 없나요?"

그렇다. 생기가 있었고, 발랄했던 자신의 원래 모습 그대로를 찾아가고 싶은 열망이 사람들에게는 있다. 그리고 활기와 기쁨이 있던 원래의 모습으로 돌아갈 수 있다. 곧 우울증은 충분히 치유될 수 있다는 것이다. 더 이상 우울증 때문에 괴로워할 이유가 없다. 주위를 둘러보라. 우울증을 겪었다가, 회복된 사람들은 생각보다 훨씬 많다. 당신도 그들처럼 반드시 좋아질 수 있다.

베드로전서 5장 7절을 묵상해 보자.

"너희 염려를 다 주께 맡기라. 이는 그가 너희를 돌보심이라."

이 말씀은 다른 사람을 위한 말씀도 되지만, 우리를 위한, 곧 나 자신을 위한 말씀이기도 하다. 그렇다. 하나님께서는 우리를 사랑하시며 돌보신다. 우리를 이해하시고 수용하신다. 하나님을 자신의 편이라고 굳게 믿고 의지하는 사람이라면, 우리는 '그분의 사랑' 때문에 어느 형편과 그 어떤 전쟁이라도 이길 수 있다. 어떤 상황에서도 그분은 우리를 사랑하시며 돌보고 계신다. 그 '사랑의 힘'이 우리의

친밀함의 회복

내면에 자리 잡고 있는 한, 우리는 모든 것을 이길 수 있다. 우울증도 예외는 아니다. 자신이 혼자라고 생각할 때에, 정말 고독하다고 느낄 때에도 그 사랑을 붙들고 오히려 늘 도우시고 위로하시는 메시지를 들어야 한다.

진수는 30대 후반의 남성으로, 컴퓨터 회사의 개발팀에서 일하고 있는 온화하고 침착한 성격의 소유자라고 자신을 소개해왔다. 그런데 그가 상담을 의뢰하게 된 것은 사람들과 교제를 하는 것이 점점 두려워지는 이유 때문이었다. 많지도 않은 친구들과도 사귐도 싫어졌고, 흔히 하는 일상생활마저도 귀찮아졌다. 어린 아들들이 아빠와 같이 놀기를 청해도 귀찮기만 해서 "아빠 좀 쉬게 해줄래?"라고 하며 늘 혼자 조용하게 있기를 원했다.

우울증 검사를 통해서도 여러 가지의 증상들이 나타났다. 그의 수면 습관이 아주 불규칙하고, 체중이 줄었으며, 집중력이 많이 떨어진 데다가 매사에 의욕이 상실된 상태였다. 그는 자신의 이야기를 하면서 여러 번 자신이 느끼는 좌절감과 절망감에 대해 표현을 했다. 결혼 후 아이를 낳고 난 후부터(연년생의 두 아들이 있다), 아내는 자신으로부터 멀어진 느낌이 들었는데 그도 그럴 것이 그녀는 두 아들에게 에너지를 다 쏟고 있었기 때문이었다. 이해는 할 수 있지만 진수가 느끼는 감정은 깊은 외로움과 고독이었다. 또한 어머니는 바쁘고 지친 아들에게 너무 성의가 없다고 늘 불평불만이 가득하였다. 그러나 자신에게는 어머니를 자주 방문할 만한 여력이 없다고 늘 느꼈다. 직장에서도 억울한 사항이 있었는데 그것은 본인이 상사로부터 인정을

충분히 받지 못하고 있다는 점이었다.

　필자와 여러 번의 상담을 통하여 그는 자신이 이 불만스런 환경 속에 살면서 자신의 내면에 쌓이는 긴장과 분노를 표현하지 못하고 억누른 채 그냥 살아왔다는 것을 발견하게 되었다. 그러다 한 번씩 분노를 폭발하게 되면 아내와 어머니에게서도 멀어지게 되고, 거기에서 오는 죄책감이 자신을 더욱 우울하게 했음을 깨닫게 되었다.

　아내와 필자와의 도움 속에서, 분노를 완만하게 표현하는 방법과 효과적인 의사소통을 여러 번 연습하고 실제로 사용함으로써 진수의 상태는 좋아졌다.

　위에서 살펴본 것처럼, 여러 가지의 감정적 스트레스는 우울증을 발생시킬 수 있다. 가령 개인적이거나 직업적인 스트레스, 고독감, 불행한 사고, 이혼, 가족이나 친지와의 사별, 중병, 실직 등등이 우울증을 가져올 수 있다. 사람에 따라서 이런 스트레스가 심각하게 우울증과 연관이 되기도 하고, 또한 시간이 지나면서 자연스럽게 없어지기도 한다.

　또한 어린 시절의 환경과 부모 양육 방식이 깊은 우울감의 원인이 될 수 있다. 특히 부모로부터 여러 가지로 사랑을 받지 못한 경우나 폭력적 환경에서 자라난 사람들, 성폭행이나 여러 가지 재해로 인한 외상(trauma)을 갖고 있는 사람들은 지금의 환경과 맞물려 대부분 우울증에 시달릴 수가 있다 외상(trauma)- 정서적으로 견디기 어려운 충격적인 사건이나 사고를 말함).

　요즈음 유행처럼 번지고 있는 신체적, 정서적, 영적 탈진에도 우울증이 동반된다. 또한 쌍둥이의 연구를 통해 우울증이 30-50퍼센

트에 이르는 유전적 소인으로 규정되고 있다. 그리고 심장병, 류마티스 관절염, 간 질환이나 신장 질환, 고혈압이나 저혈압, 갑상선기능 부전증, 각종 암, 알츠하이머, 파킨슨 병 등은 임상적인 우울증을 동반하고 있다. 또한 신체의 화학물질인, 신경전달물질 카테콜아민(catecholamines)은 우울증과 밀접한 관련이 있다. 이것이 부족한 사람들이 우울증에 걸려 있는 경우가 많다. 카테콜아민을 증가시키는 약물치료는 우울증을 감소시키고, 반대로 카테콜아민을 감소시키는 약물치료는 조증을 지닌 사람들을 진정시키는 데에 도움이 된다.

(*신경전달물질 – 어떤 신경 신호를 한 신경세포에서 다른 것으로 전달하는 화학물질들)

(*조증 – 행복도취증으로 인한 과잉 행동 상태와 충동적 행동)

우울증과 분노

우울증이란 한마디로 '억제된 분노'라고 할 수 있다. 이것은 우울증에 대하여 말할 때 누구나 사용할 수 있는 말이다. 우울증 때문에 상담실을 찾아온 사람에게 "당신에게는 분출하지 못한 억압된 분노가 많군요,"라고 말했을 때, 사람들은 대부분 두 가지의 반응을 보인다.

"맞아요. 나는 벌써 수년 전부터 분노의 문제를 가지고 있었어요. 그렇지만 그 분노를 적절하게 표현하지 못하고 혼자서 고민하고 있었어요. 가끔은 나도 모르게 분노가 갑자기 튀어나와 당황한 적도 여러 번 있었지요"라고 바로 시인하는 사람들이 있다.

그러나 반면에 자신의 감정을 충분히 이해하지 못한 사람들은 이

렇게 말하기도 한다.

"대부분의 사람들이 분노를 억제하고 사는 것이 아닐까요? 그러나 나는 심각하게 분노를 폭발한 적은 한 번도 없었습니다. 선생님이 말씀하시는 것과 나의 경우와는 좀 다른 것 같은데요. 나는 그렇게 자주 화를 내는 사람은 아니거든요."

과연 그런 것인가? 사람들은 흔히 분노를 쏟아 내는 것만을 분노라고 말하기가 쉽다. 그리고 많은 분노를 억지로 참고 있는 것을 미화시키려는 경향이 있다. 그러나 분노는 매우 다양한 행동과 태도로 표현되고 있음을 알아야 한다. 중요한 사실은 분노가 자신의 감정에 찾아오더라도 분노의 정체를 확인하여, 분노가 필요 이상으로 해를 끼치지 못하게 하는 방법을 배워야 한다. 그만큼 분노와 우울증의 관계는 가깝기 때문이다. 어떤 대상에 대한 미움과 원망 때문에 오는 분노는 깊은 우울감과 죄책감을 가져오는 것이다. 아래의 글을 읽어 보자.

> 우울증은 자책과 분노 위에서 번창한다. 사람을 쇠약하게 하는 우울증에게 자책과 분노는 훌륭한 음식이다. 하지만 절망하지 마라……여기 하나님께서 우리 속에 감추어져 있는 활력 넘치는 기쁨의 분출시킬 방법을 말씀하고 계신다.
> "서서 기도할 때에 아무에게나 혐의가 있거든 용서하라. 그리하여야 하늘에 계신 너희 아버지도 너희 허물을 사하여 주시리라 하였더라"(막 11:25).
> 모든 사람을 용서하겠노라고 지금 당장 결심하라. 이는 이 사람 저

사람에게 짓밟히며 살라는 뜻이 아니다. 바보같이 뭐든 봐주라는 얘기도 아니다. 당신 가슴에 비수를 꽂은 사람들의 행동을 더 이상 기억하지 말아야 한다는 의미이다. 미움이라는 사슬에 꽁꽁 묶인 당신 자신을 거기서 풀어주자는 것이다. 그래서 당신에게 상처를 준 사람들을 하나님의 능하신 손에 맡기자는 이야기이다. 하나님은 그 사람들을 당신보다 훨씬 더 잘 다루신다.

앞에서 쓴 것처럼 마음에 용서를 경험한다는 것은 놀라운 해방이 아닐 수 없다. 앞의 분노 부분에서 쓴 용서를 참조하라.(p. 117 참조) 그 다음에 중요한 것은 분노의 표현 방법이다. 곧 건강한 방법으로 분노를 처리하지 못하기 때문에 그 결과로 우울증을 얻게 되는 것이다. 자신의 분노를 처리하는 방식으로 억제하기, 수동적인 공격, 공개적인 공격은 건강하지 못한 방법이고, 이 잘못된 방법의 사용으로 우울증에 더욱 시달릴 수 있게 된다.

특히 다른 사람에게 내 문제를 말하는 것은 아무런 도움이 되지 않는다고 여기면서 분노를 마음속에 그대로 담아둔다면 그 분노는 해소되지 않는다. 쌓인 분노는 몇 달, 몇 년이 지나도 그대로 남아 있게 된다. 흔히 사람들은 그렇게 마음속에 쌓아둔 분노가 저절로 없어질 것이라는 막연한 희망을 갖고 있다. 혹자는 그 대신에 내면에 존재하지도 않는 평온으로 그것을 가장하여 가식적인 삶을 살기도 한다.

또한 억제된 분노는 '수동적 공격'으로 나타나서(p. 93 참조), 드러나지 않는 자기만의 방법으로 분노를 표현하게 되는 것이다. 자신의 필요와 확신을 완화된 방식으로 보호하는 행동이라고 말할 수 있다.

우울함에 빠지는 대부분의 사람들은 과거에 지배당했다거나 무시당했다는 느낌을 갖고 있기 때문에 잠시나마 다른 사람을 지배한다는 기분을 가지려고 한다. 사실상 우울증 자체가 수동적 공격이라고 볼 수 있다. 즉 여러 가지의 수동적 공격 행위는 우울증을 동반하게 되는 것이다.

또한 적극적인 공격형은 어떠한가? 적극적인 공격형의 행동은 어떤 문제도 해결해 주지 못하기 때문에 분노는 계속해서 악순환된다. 그리고 그것은 그 자신에게 상한 마음과 원망을 갖게 하여 우울증에 걸릴 확률을 높여준다. 파괴적이며 심하게 처리된 분노는 결국 당사자에게 수치감, 부적절감, 후회감으로 우울증에 이르는 요소들을 증가시킬 뿐이다. 사실은 해결할 수 없는 더 많은 문제를 일으키고 다른 사람을 희생시키는 실수를 범하게 되는 것이다.

우리는 여기에서 우울감을 불러일으키는 분노를 파괴적으로나 혹은 나를 더욱 괴롭히는 방법으로 표현하지 말아야 한다는 주제에 봉착한다. 과연 우리는 보다 더 '건전한 방법으로 표현하는 것'을 선택할 수 있는가?

우울증과 선택

당신에게는 선택권이 주어져 있다. 분노가 생길 때 당신은 그것을 억제해 버릴 수도 있고, 수동적이 될 수도 있으며, 공개적으로 분노하여 마찰을 일으킬 수도 있다. 그것은 당신의 선택에 달려 있다.

대부분의 사람들은 우울함에 빠졌을 때 이러한 세 가지 방식들 가운데 한 가지나 혹은 이 세 가지 모두를 선택한다. 그러나 그들이 각 선택의 결과로 나타나는 고통들을 깨닫게 되면 그보다 더 나은 선택을 해야겠다고 결심하게 된다. 당신은 -우울증에 걸리는 과정에서- 선택에 대해 이해함으로써, 자신의 우울증에 대하여 좀더 스스로가 책임을 지게 될 것이다.

앞의 내용은 우울감을 충분히 일으킬 수 있는 분노는 우리가 원하지 않는 상황에서도 찾아온다는 것이다. 게다가 그러한 분노가 '우리의 인생에 영향을 미치도록 허용할 것인지'에 대해서는 우리 자신이 '선택권'을 가지고 있다는 것을 또한 말하고 있다. 곧 예전처럼 이상하고 파괴적인 방법으로 분노를 억제할 수도 있고, 또는 더 나은 방법을 택하여 그것을 표현할 수도 있다는 것이다.

그렇다. 이 시점에서 '선택'에 대해 이해하고 받아들인다는 것은 우울감을 줄이는 데에 큰 희망이 된다. 우리는 더 이상 상황이나 형편에 따라 움직이는 희생을 감수할 필요가 없는 것이다. 우리 안에 있는 내적인 힘을 이끌어 낼 수도 있고, 건전한 것들을 선택함으로써 보다 나은 삶을 살아갈 수가 있다.

물론 오랫동안 고수해 왔던 습관을 버리고 새로운 것을 받아들인다는 것은 쉬운 일은 아니다. 그럼에도 불구하고 우리는 더 나은 표현 방법을 선택할 수가 있다.

여기에 필자가 자주 사용해 왔던, 분노를 줄이고 건전하게 표현할 수 있는 방법을 제시한다.

- 첫째, 자신이 화가 났다는 것을 인정하라. '그래, 내가 화가 났어, 나에게 그 녀석이 또 왔구나' 하고 가만히 표현해도 좋다. 어떻게든 나의 분노를 인정하는 단계이다.

- 둘째, 화를 내게 된 원인을 생각해 보자. 내게 화를 내게 한 사람이 확실한 잘못을 한 것인지 또한 내가 과민하게 반응을 한 것인지 잘 생각해 보는 것이다. 분노는 의외로 오해로 인한 것들이 많기 때문이다. 그동안 분노는 다소 줄어들 수 있다.

- 셋째, 어떤 방법으로 표현할 것을 선택해 본다. 상대방에게 완만한 방법으로 표현을 할 것인지, 아니면 다른 사람에게 의논할 것인지 아니면 혼자서 어떻게 처리를 할 것인지를 잘 생각해 보자. 이때 주의할 점은 실과 득을 잘 따져 보는 것도 중요하다.

- 넷째, 될 수 있는 대로 화해하라. 그러나 올라오는 분노를 억누르고 억지로 화해를 하는 것은 본인에게 좋지 않은 영향을 끼치기 마련이다. 그러므로 화해하기 전에 여러 번 생각해 보고, 마음의 준비가 되면 이를 실행한다.

우울증에 대한 잘못된 생각들

우울증에 대한 몇몇 잘못된 생각들 때문에 사람들은 실제보다 더 어려움을 겪게 되고 보통은 우울증을 더 심하게 만든다. 특히 기독교

인들에게는 이러한 잘못된 오해 때문에, 자신의 상태나 어려운 상황을 공개하기가 어렵고 오히려 은폐하게 된다. 우울증에 대한 잘못된 일반적인 생각은 다음과 같다.

첫째, "우울증은 죄의 결과이다."

이는 오랫동안 있어온 고정 관념이며, 많은 설교자들의 일반적인 주제이기도 했다. 그러나 우울증을 죄에 대한 하나님의 벌로 여기는 것은 옳지 않다. 우리가 꼭 기억할 것은 죄가 우울증의 유일한 원인도 아니고 모든 우울증이 죄 된 행동의 결과는 아니라는 것이다.

성경에도 좋은 예가 있는데 '욥의 이야기'이다. 욥의 엄청난 고통을 보고 그 친구들은 이렇게 물었다.

"네 악이 크지 아니하냐 네 죄악이 끝이 없느니라."(욥 22:5)

이 말에 욥은 이렇게 대답한다.

"이런 말은 내가 많이 들었나니 너희는 다 재난을 주는 위로자들이로구나."(욥 16:2)

그런데도 욥은 죄를 짓지 않았다. 마지막에 하나님이 변호해 주셨고, 그는 엄청난 삶의 축복을 누리게 된다.

여러 가지의 많은 상실들이 우울증을 야기할 수는 있지만, 우울증은 죄의 결과가 아니다. 또한 많은 사람들이 죄를 지을 때 상실감에 빠지는 것도 아니고, 우울증을 경험하지도 않는다.

둘째, "신앙생활을 잘못했기 때문에 우울증이 생긴다."

놀랍게도 기독교인들 중에 모든 우울증은 믿음이 부족해서 온다고 믿는 사람들이 있다. 그들은 '믿음이 강하거나' '영적으로 성숙했

다면' 우울증은 결코 생길 수 없다고 단정하거나 또한 빨리 극복할 수 있다는 것을 내포하고 있다. 그러면 신앙생활을 처음 시작하는 사람의 경우는 어떠한가? 어려운 일이 닥치면 다 우울증에 걸려야 하는 것인가? 맞지 않는 생각이다.

물론 때때로 우울증의 원인이 하나님이 우리에게 처하도록 하는 상황에 적응을 못하였을 때 생겨날 수는 있다. 그러나 그렇게 많은 우울증이 신앙문제와 결부되는 것은 아니다. 우리가 우울할 때마다 그것은 약한 신앙의 징조라고 일반화시키는 것은 옳지 않다. 그것은 사실이 아니다.

셋째, "우울증은 하나님께서 나를 버리셨기 때문에 생긴다."

얼마나 엉뚱한 발상인가? 그런데도 의외로 우울증에 걸린 신앙인들은 이런 생각을 많이 갖고 있다. 그러나 하나님은 우리의 죄를 결코 기뻐하시지 않지만, 죄인에 대한 그분의 사랑은 계속된다는 것을 우리는 알아야 한다. 하나님께서는 오래도록 참으시며, 인내하시며 우리를 기다리신다. 이 말씀을 묵상해 보자.

> "주의 약속은 어떤 이들이 더디다고 생각하는 것같이 더딘 것이 아니라 오직 주께서는 너희를 대하여 오래 참으사 아무도 멸망하지 아니하고 다 회개하기에 이르기를 원하시느니라"(벧후 3:9).

우리가 깊은 우울감에 시달릴 때에도, 기도하기가 어려울 정도로 힘이 들 때에도, 그 어떤 것도 하나님의 크신 사랑은 우리를 버리시지도 포기하시지도 않는다. 오히려 우리가 그분에게서 등을 돌리고,

우리 뜻대로 안 될 때 그분을 향한 사랑을 스스로 철회하여 더욱 고독하게 되는 것이다. 그 무엇으로도 막을 수 없고 끊을 수 없는 그분의 사랑이 있음을 성경에서 보자.

> "내가 확신하노니 사망이나 생명이나 천사들이나 권세자들이나 현재 일이나 장래 일이나 능력이나 높음이나 깊음이나 다른 어떤 피조물이라도 우리를 우리 주 그리스도 예수 안에 있는 하나님의 사랑에서 끊을 수 없으리라"(롬 8:38-39).

우울증의 치유

마음에 있는 슬픔과 눈물을 쏟아 놓아라.

우울증의 초기 단계에는 눈물이 많아지고 슬픔이나 외로움을 심각하게 느끼게 된다. 이때는 여러 사람의 지지가 많이 필요한 때다. 그런데도 여러 가지 이유로 슬픔을 부정하게 되고 표현을 못하게 되면, 문제는 더욱더 심각하게 된다. 자신의 울적하고 슬픈 기분이나 아픈 감정을 표현하고, 누군가에게 토로하는 것은 참으로 중요하다. 아래의 글을 읽어보자.

기독교인들도 종종 자신들의 상실을 슬퍼하도록 허용될 필요가 있다. 종교적인 신념과 관계없이, 상실은 슬픔을 낳고, 슬픔은 비탄을 낳고, 심지어는 우울증까지도 일으킨다. 슬픔이 허용되지 않거나 미숙한 채로 차단되어 버리면, 수년 후에 더 큰 문제들이 나

타나곤 한다.

나는 내담자들에게 슬퍼할 시간을 가지도록 과제를 준다. 하루에 10분이나 15분 동안을 적극적으로 슬퍼하는 과제를 주어서 자신들의 감정을 확인하고 수용하도록 허용해 준다. 그들이 자신의 감정을 부정한다면, 그 자신의 감정을 다룰 수 없다. 일단 그들이 개방적으로 자신의 감정을 인식하면, 그들은 자신의 상실에 대처하는 것을 배울 수 있고, 자신의 삶에서 남아있는 것을 회복할 수 있다.

많은 사람들이 우울하다는 것 때문에 더 우울해지고, 차마 표출을 못해서 참고 억누르다가 일은 더욱 복잡해지게 되는 것이 사실이다. 그들은 우울증이 도덕적으로나 영적으로 문제가 있음을 상징하는 것으로 믿는다. 또한 내면으로도 자신을 비난하고 무가치하다고 느끼고 있기 때문에, 오히려 필요한 애통함이나 건강한 표현을 하는 것은 치유에 있어서 꼭 필요한 과정임을 알아야 한다. 울어야 한다. 울고 싶을 때 많이 울어야 한다. 그리고 슬픔과 고통, 절망 등의 감정은 드러내 놓고 싶지 않고 포장하고 싶지만, 그것들은 그럴 수가 없는 것들이다.

수지는 몇 년 전에 교통사고로 남편을 잃고 사춘기의 두 자녀와 살고 있는 40대 중반의 여성이다. 그녀가 우울증 때문에 상담실에 온 것은 1년 전 여름이었다. 이미 그때에도 그녀는 약물치료를 받고 있었는데 별 진전이 없다고 했다. 편두통과 불면증으로 정상적인 생활이 어렵고, 매사에 대한 무기력감까지 겹쳐 하루를 지내는 것이 어렵다고 고백을 했다. 한 동안 그녀는 교회 안이나, 직장

에서도 자신의 불안한 마음이나 외로운 감정들을 덮어버리고, 아무 일도 없는 것처럼 지내고 있었다. '사람들이 나를 비웃으면 안 되지, 그리고 사람들에게 귀찮은 존재가 되어서는 안 돼, 하나님을 열심히 믿는 사람으로서 의젓하게 꿋꿋이 견디며 살아야지' 라고 자신을 억누르며 지냈다고 한다.

그녀는 거짓으로 용감하게 보였지만 사실은 자신이 너무나 약하게 느껴지는 것에 대해서 참을 수가 없었기 때문에 다른 사람들로부터 자신을 단절시켜 두었던 것이다. 그녀는 남편이 죽었을 때에도 자신의 슬픔을 충분히 표현하지 못했고, 그 뒤로 느끼는 두려움과 외로움, 절망 등의 감정을 억누르며 기계처럼 살아온 것이었다.

필자는 그녀에게 두 통의 편지를 쓰게 했다. 한 통은 이미 고인이 된 남편에 대한 감정과 하고 싶은 말을 쓰도록 했고, 다른 한 통은 사춘기 아이들에게 자신의 감정과 하고 싶은 말을 쓰도록 했다. 그녀는 그 편지를 쓰면서 자신이 어린 소녀처럼 많이 울었다고 했다. 그녀가 고백하지 못하고 마음에 더 크게 담아둔 자신의 문제를 인정하고, 이를 표현하게 되면서 그녀는 놀랍게 호전되었다.

먼저 아픈 마음, 외로움, 분노나 절망감이나 슬픈 심정을 인정하고, 표현해야 한다. 아래의 일들을 시도해 보라. 어려움이 있더라도 시도한 만큼 당신은 치유될 수 있다.

- ■ 당신의 고통과 아픔을 고백처럼 혹은 편지를 쓰듯이 기록해 보자. 지금 느끼고 있는 모든 감정을 다 써도 좋다. 곧 외로움, 분노의 감정, 절망감, 무너진 꿈, 용서하는 마음 등의 모든 감정들

을 적어보라. 여러 번 그 감정을 느끼며 읽어 보라.

- 이렇게 기록한 편지를 친한 친구, 상담자, 목회자, 절친한 교회의 멘토에게 읽어 주라. 이것이 어려우면 자신에게 여러 번 하다가 다시 시도해서 자신의 감정을 공개해 보자. 그리고 그 후에 문제에 대해 그들과 상의해보는 것이 좋다.

- 고통과 슬픔의 감정으로부터 잠깐이라도 벗어날 수 있는 방법을 찾아보고 실천해 보자. 외출이나 친구 만남, 내가 좋아하는 것을 하는 것은 도움이 된다.

2대 명약 : 대화, 웃음을 활용하라.

일단 우울증에 걸리면 혼자 골방에 앉아 아무도 만나지 않고 싶다는 생각이 든다. 캄캄한 골방에 앉아 이런저런 부정적인 생각들로 큰 성을 쌓아 본다. 긴 시간이 아닌데도 자기 주변에는 나쁜 것들뿐인 것 같고, 모든 것이 다 허무하고 무가치한 것처럼 느껴진다. 그 때에 또한 자책감이나 죄책감이 마음에 요동을 치면서 강한 우울감이 생겨난다. 모든 것이 다 싫어진다. 깊은 소외감을 느끼며 부정적인 것으로 가득 찬 늪에 빠져서 허우적거리는 자신의 비참한 모습을 보게 된다.

너무 비관적인 표현인 것 같다. 하지만 사실이다. 많은 사람에게서 이 고백을 듣기도 했지만 필자는 청소년기부터 이런 상태를 경험한 적이 있었다. 이런 상태가 되면 우울증은 걷잡을 수 없이 확산되며 더욱 심각해질 수 있게 된다. 이때 '대화'는 더없이 좋은, 꼭 필요한 약이다. 캄캄한 곳에 앉아 혼자 앉아 있고 싶은 마음을 박차고 나와 반드시 먹어야 할 약이 바로 대화라는 약이다.

상대에게 말을 건네거나 또는 다른 사람이 와서 대화할 수 있도록 허락하는 때부터 '변화'는 시작된다. 그 외로운 동굴을 나와서 자신이 느끼는 그 두려움과 고독, 죄책감, 괴로운 생각들을 나누면서부터 우울감은 줄어들기 시작하는 것이다. 이때 대화를 못하도록 막는 감정들이 있는데 반드시 그 순간을 물리쳐야 한다. 아래의 글을 읽어보자.

　🌸 자신이 경험하고 있는 것들을 표현하지 못하면 소외감, 절망감, 무용지물이라는 느낌이 증가하는데 이는 우울증이 무서운 이유 중 하나입니다. 이는 마치 걷어낼 수 없는 장벽이 가로막고 있어서 의사소통을 할 수 없는 것과 같습니다. 힘이 너무 듭니다. 인생이라는 강물의 전체 흐름을 막고 있는 댐이 있어서 그 안에 갇혀 눌려 있는 것 같습니다……. 수문을 살짝 여십시오. 활짝 여는 것이 아니라 조금만, 항상은 아니라도 가끔씩, 모든 사람이 아니라 선택한 사람들, 특히 자신에게 여십시오.

　그러면 누구와 대화할 것인가? 물론 나를 이해해 주고 공감할 수 있는 사람이면 된다. 거기에다 지혜롭고 긍정적이고 용기를 줄 수 있는 사람이라면 더욱 좋다. 주위를 둘러보라. 나를 잘 알고 있는 목회자나 상담가도 좋다. 그러나 혼자서는 안 된다. 누군가를 꼭 찾아서 하고 싶은 대화를 시작해야 한다.
　또한 우리 자신의 대화를 결국 주님과 나누도록 해야 한다. 나를 이해하시고, 사랑하시며, 충분히 힘을 주시는 그분과 진실한 대화를 나누는 것은 우리의 감정이 확실하게 힘을 얻게 된다. 그리스도인들에게는 가장 확실한 변화를 기대할 수 있는 채널이다.

너 예수께 조용히 나가 네 모든 짐 내려놓고
주 십자가 사랑을 믿어 죄사함을 너 받으라
주 예수께 조용히 나가 네 마음을 쏟아노라
늘 은밀히 보시는 주님 그 은혜로 상 주시리

너 주님과 사귀어 살면 새 생명이 넘치리라
주 예수를 찾는 이 앞에 참 밝은 빛 비추어라
주 예수께 조용히 나가 네 마음을 쏟아노라
늘 은밀히 보시는 주님 그 은혜로 상 주시리

(찬송가 483장)

다윗의 심각한 우울감과 분노와 절망, 그리고 예레미야의 격리감, 소외감, 분노와 절망감 등 억눌렸던 감정들은 하나님께 고백하고 나눔으로 치유되었고 다시 소망을 얻게 되었다. 그들은 하나님께 고백하고 또한 위로와 격려를 얻음으로써 오히려 그분과의 친밀함을 얻게 되었고 더욱 성숙한 영성의 소유자로 변화됨을 볼 수 있다.

"백성들아 시시로 그를 의지하고 그의 앞에 마음을 토하라 하나님은 우리의 피난처시로다"(시 62:8).

"표현되지 못한 느낌은 우울증이 된다"라는 말이 있습니다. 마음속에 있는 생각이나 느낌을 표현한다는 것은 삶을 향상시키는 방식으로 강물이 흘러갈 수 있도록 수문을 정기적으로 열어주라는 말입니다. 말해야 할 때가 있는가 하면 침묵해야 할 때가 있습니다.

사람들과 나눌 수 없는 생각과 감정을 하나님께는 언제나 말씀드릴 수 있습니다.

자신의 예민한 부분, 감추고 싶은 부분, 또한 납득하기가 어려운 문제나 상황일지라도 주님께는 그대로 이야기하듯이 고백할 수 있다. 우리를 향하신 하나님의 사랑과 긍휼과 넓은 포용력을 생각하며 사실 그대로 고백하라. 차마 말씀드리기가 어려운 무엇인가가 있다 할지라도, 그분은 이미 다 알고 계신다.

그분은 우리의 모든 슬픔과 고통도 아시며 함께 나누기를 원하시며, 그분과 우리 사이의 친밀한 인격적인 관계가 충분히 다져지길 원하신다. 앞에서도 말했지만, 다시 한 번 강조하고 싶다. 주위 사람들과도 대화하고 또한 주님과도 대화하라. 대화를 하는 만큼, 우리는 밝은 빛으로 나올 수 있다.

웃음, 최고의 명약

수년간 리더스 다이제스트는 "웃음, 최고의 명약"이라는 제목의 기사를 실은 적이 있었다. 그리고 웃음이 우리의 몸과 마음을 위해서도 최고의 명약이라는 것이 과학적으로도 증명되었다고 한다. 웃음은 견딜 수 없이 무언가가 웃길 때에, 기쁠 때에 저절로 나오는 것이지만, 슬프고 지독한 우울감이 억누를 때에도 오히려 웃음은 필요하다는 것이다.

그러나 우리는 질문할 수 있다. 어떻게 웃을 수 있냐고? 이렇게 슬프고, 고독하고, 무기력하고, 모든 것을 다 포기하고 싶고, 죽고만 싶은데 어떻게 웃을 수 있냐고? 앞에서도 언급했지만 우리의 의지가

중요하다. 하나님이 주신 의지를 사용하여, 먼저 우울한 감정의 굴레를 벗어버려야 한다. 곧 코믹한 영화를 보거나 코미디 프로그램을 보며 깔깔 웃는다거나, 잘 웃는 친구를 동원하여 웃는 것도 좋은 방법이다.

흔히 웃음 치료사들은 억지로라도 웃어야 한다고 한다. 어떻게 생각하면 바보 같은 생각도 들지만 그렇지 않다. 거짓이라도 웃기만 한다면 우리의 몸과 두뇌는 웃음이라는 최고의 명약을 받아들인 것이다. 우리의 뇌는 그 웃음이 진짜인지 가짜인지는 구별하지 못하고, 반응을 한다는 것이다. 웃음이라는 명약을 섭취하자. 무슨 일이든 우리에겐 선택권이 있다. 하나님께 힘을 주시라고 간절히 기도하며 재미있는 일, 웃을 수 있는 일을 찾아보자. 어떤 삶이나 상황 속에서 즐거움과 웃음을 택하겠다는 신조를 갖고 꾸준히 노력하자.

"고난 받는 자는 그날이 다 험악하나 마음이 즐거운 자는 항상 잔치하느니라"(잠 15:15).

자신에게 관대하게 하라

성경의 진리는 우리를 향한 하나님의 사랑의 선물을 반복해서 확인시켜 준다. 우리가 한 것은 과거에도 없고 현재에도 없다. 그리고 현재 우리를 치열하게 괴롭히는 그 무엇 중에도, 회복시키시는 하나님의 사랑보다 강한 것은 없다. 30년간의 경험을 통해서 내가 치유한 우울증 환자들 가운데 공통적인 사실을 한 가지 발견할 수 있었다.

그들은 거의 모두가 자신과 자신의 삶과 미래를 비하시켰다. 나는 이 세 가지의 잘못된 생각을 '우울증의 삼위일체'라고 부른다. 이 세 가지는 자기 고통의 원인이 된다. 당신은 어떠한가? 당신의 자기 고백 속에는 자신을 비하시키는 잘못된 생각이 없는가? 하나님이 그의 아들을 통해 우리의 가치를 인정하셨음을 알면서도 자신의 가치에 대하여 의문을 품고 있는가?

이는 윌리엄 바커스가 오랜 세월의 치료 경험을 통해 언급한 내용이다. 특히 깊은 우울감의 소유자들은 자신과 자신의 삶에 대해 관대하지 못하고 비관적이다. 자신이 알면서 혹은 모르면서 자신을 비하시키며 괴롭히는 일을 하고 있다. 다른 그 누구보다도 자기 스스로를 감당하기 어려워한다. 또한 남이 베풀어 주는 작은 친절이나 배려에도 스스로 받을 자격이 없다고 느낀다. 그래서 성경에 나오는 온갖 축복들, 약속과 선한 것들도 자기와는 상관이 없다고 느낀다.

자기 자신에게 친절하지 못하고 관대하지 못한 태도나 행동은 자신의 왜곡된 사고에서 출발한다. 그리고 그러한 행동들은 얼마든지 많다. 곧 화를 무조건 억누르는 것, 받을 수 있는 배려를 무시하는 일, 자신을 혹사시키는 일, 스스로 고립되는 일, 즐거움을 빼앗고 어려운 일을 자처하는 것 등등이다. 그렇지만 어떤 때는 자신이 왜 그런지를 모를 때가 있다. 그리고 그런 마음에서 벗어나기도 쉽지가 않다.

그러나 지금부터 시작이다. 자기비판이나 징계에 자신이 집중하는 것을 발견할 때마다 일단 '스톱'을 외치고 잠시 멈춰서 오히려 자신을 칭찬하라. 곧 자기를 비판하고 비난하는 대신 적극적인 위로나 격려를 하여, 그것이 습관적으로 자리 잡도록 하라. 처음부터 잘 되

지 않는다 하더라도 지속적으로 노력해 보라. 최소한 비난에서는 벗어날 수 있다. 그리고 이렇게 하다 보면 자신도 놀랄 정도의 변화가 일어날 수 있다.

하나님은 우리에게 사물에 대해 평가할 수 있는 능력을 주셨는데, 우리는 이 멋진 선물을 우리를 성숙시키거나 아름다운 일을 위해 사용하는 것보다 잘못 사용하고 있는 것이다. 곧 나 자신에 대해 관대하지 못하고 자책하며 자신을 괴롭히는 데 사용하고 있다. 얼마나 안타까운 일인가!

시편에 나타난 다윗은 자신의 끔찍한 죄성과 자신의 모습을 적나라하게 알고 있으면서도 자책에 빠져 자신을 괴롭히지 않았다. 확실한 자기반성을 하면서도 하나님의 품으로 나아가며 그분을 의지하며 성숙해지는 모습을 보여준다.

> 하나님이여 주의 인자를 좇아 나를 긍휼이 여기시며
> 주의 많은 자비를 좇아 내 죄과를 도말하소서
> 나의 죄악을 말갛게 씻기시며 나의 죄를 깨끗게 제하소서
> 대저 나는 내 죄과를 아노니 내 죄가 항상 내 앞에 있나이다
>
> 우슬초로 나를 정결케 하소서 내가 정하리이다
> 나를 씻기소서 내가 눈보다 희리이다
> 나로 즐겁게 기쁜 소리를 듣게 하사
> 주께서 꺾으신 뼈로 즐거워하게 하소서

얼마나 위로가 되는 말씀인가! 감사와 동시에 감격이 있는 말씀이

다. 우리도 예수 그리스도의 십자가를 의지하고 "나를 씻기소서, 내가 눈보다 희리이다."라고 고백할 수 있다. 자신에게 관대하지 못하여 자책하며, 죄책감을 갖게 하는 일을 이제 그만두라. 자신이 하나님이라도 된 것처럼 스스로 심판하고 비난하고 그 속에서 빠져 나오지 못하는 어리석음으로부터 이제 벗어나야 한다.

자신을 관대하게 대하는 것 중에 또 하나 빼놓을 수 없는 것은 자신이 일상생활을 할 수 있도록 '자신을 돌보는 것'이다. 먹고 자고 쉬는 것을 통하여 자신의 건강을 유지해야만 이중적인 고통을 겪지 않을 수 있다. 엘리야가 깊은 우울과 탈진에 빠져 있을 때 행하시는 하나님의 방법은 먹이시고 먼저 쉬게 하신 다음에 다시 사명감을 일깨워 세워 주셨다. 또한 우리가 하나님이 허락하신 '성령의 전'임을 깨닫는다면 더욱 우리 몸을 건강하고 원활하게 기능할 수 있도록 돌봐야 할 것이다.

감사! 감사는 가장 좋은 치료이다

깊은 우울감이나 만성적인 우울증으로 고통을 받아온 사람들에게 가장 필요한 단어가 있다면 그것은 '감사'이다. 감사가 우리의 마음속에 들어오기 시작하면 벌써 우울감이나 열등감, 분노들은 사라지기 시작한다. 문제는 어떻게 감사를 하며, 느낄 수 있는가이다.

자기를 바꾸어 보려는 비전을 갖고 있지만 그에 대한 실천적 의지가 부족해 보이는 사람들을 나는 많이 알고 있다. 그들은 경건 훈련을 배제하고도 성인이 될 수 있는 지름길을 발견하고 싶어하고 또 그것이 가능하다고 믿고 있다. 그들은 때로 사막과 같은 곳에 칩

거하거나 또는 목수일을 해보면서 성인들의 표면적인 행위를 그저 모방함으로써 고상한 단계에 도달해 보려고 한다.

심지어 어떤 사람들은 그런 천박한 모양으로 자신이 성인과 선지자가 되었다고 믿으면서 실상은 여전히 어린아이일 뿐이라는 사실을 전혀 깨닫지 못하고 있으며, 또 성인이 되기 위해서는 반드시 출발 지점에서 시작해서 중간 과정을 거쳐야 한다는 고통스러운 사실을 받아들이려고 하지 않는다.

이는 심리학자 스캇 펙이 쓴 글이다. 경건 훈련을 배제하고 지름길을 발견할 수 있다고 믿는 사람들과 자신이 성인과 선지자가 되었다고 잘못 생각하는 사람들을 지적하고 있는 글이다. 치유도 마찬가지이다. 노력 없이 빠른 결과만을 기대하는 사람들이 있고, 치유를 가장하며 어린아이처럼 사는 사람들도 있다. 곧 과정을 소중하게 여기고 점진적으로 쌓아가는 것이 없이는, 중간 지점이 없는 결과 같아서 그것은 허구일 수가 있다.

살면서 '작은' 것을 감사하지 않고 하찮게 생각하는 것은 진정한 행복이나 만족도 느낄 수 없다는 것을 알아야 한다. 작고, 하찮은 것들을 감사하며 쌓아가는 과정들을 잘 수행해 갈 때 그것은 더 큰 감사나 행복으로 이어진다. 또한 진심으로는 감사하지 못하면서 감사를 '가장' 하는 것은 더욱 괴로운 일이다. 내 마음은 아닌데, 겉으로는 감사를 말하며 자기의 삶을 미화시키는 사람들은 결국 자신을 더욱 어렵게 한다.

특히 자신을 감사하게 여기는 것은 정말로 중요하다. 나에게 주어진 작은 것들, 평범한 것들에 감사하라. 아니, 한 걸음 더 나아가 자

신을 있는 그대로 좋아하고, 감사하며, 축복하는 것이다. 여기에서 말하는 '자기에 대한 감사'는 자기도취나 자기자랑을 말하는 것이 아니다. 하나님이 먼저 나를 사랑하시고 귀하게 여기신 것, 그 사실 하나만으로도, 우리는 주님 안에서의 내 존재가 감사하고 기쁘고 행복한 것이다.

우울증은 나를 미워하고, 싫어하며, 수용하지 못하는 데서 출발한다. 곧 자신이 어떤 어려움을 겪게 되거나 혹은 잘못이나 실수를 할 때마다 "넌 쓸모없는 인간이야! 너는 자신을 증오해야 해!"라고 말하는 악마를 등에 짊어지고 사는 것과 다름없다. 이런 습관은 자신을 무력하게 만들고, 불행하게 만든다. 뿐만 아니라, 그런 습관이 오래되면 그 말들에 갇히게 되고, 더욱 그곳에서 나오기가 어렵게 된다.

여기에서 우리를 때로 늪에 빠지게 하는 잘못된 신념이나 자기와의 대화를 살펴보자. 이것들은 우리에게서 감사를 빼앗아 가는 생각들이다.

- 최고가 아니면 실패자이다.
- 행복해지려면 나는 항상 모든 사람에게 인정을 받아야 한다.
- 인기 있고 유명하고 부유한 것은 멋진 것이고, 인기 없고 평범한 것은 형편없는 것이다.
- 나는 사랑 없이는 살 수 없다. 내 배우자, 애인 혹은 부모, 자녀가 나를 사랑하지 않는다면, 나는 무가치한 존재다.
- 내가 실수를 하면 그것은 내가 바보라는 뜻이다.
- 어떤 사람이 나에게 동의하지 않는 것은 그 사람이 나를 좋아하지 않기 때문이다.

■ 한 인간으로서 나의 가치는 다른 사람들이 나에 대해 어떻게 생각하느냐에 달려 있다.

이런 생각을 주로 갖고 있는 사람들은 깊은 우울에 빠지기가 훨씬 쉽다. 그리고 이러한 생각들은 우리를 우울증에 빠지게 하는 비합리적인 생각들이다. 하나하나를 따져가며 반박해야 한다. 우리는 최고가 아니어도 실패자가 아니며, 모든 사람의 인정을 못 받아도 행복해질 수 있고, 이번에는 실수를 했지만, 다음에는 잘할 수 있다. 이렇게 합리적이지 못한 생각들을 반박하고, 거기에서 나오기 시작하면 우리는 훨씬 자유롭게 되고, 동시에 더 많은 감사와 해방을 발견하게 된다. 또한 우리가 알고 있는 말씀으로 반박을 하고 그 생각을 바꿀 수 있다.

"내가 너를 지명하여 불렀나니 너는 내 것이라", "내가 너를 보배롭고 존귀하게 여기고 사랑하였은즉", "무궁한 사랑으로 내가 너를 사랑하노라", "여호와는 나의 목자시니 내게 부족함이 없으리로다", "주의 인자가 생명보다 나으므로 내가 주를 찬양할 것이라" 등의 말씀을 사용하여, 자신의 잘못된 생각들은 비춰 보고 맞지 않는 생각들을 얼마든지 반박할 수 있다.

"항상 기뻐하라 쉬지 말고 기도하라 범사에 감사하라 이것이 그리스도 예수 안에서 너희를 향하신 하나님의 뜻이니라"(살전 5:16-18)에서 볼 수 있듯이 우리가 범사에 감사하는 것은 하나님이 '우리를 향하신 뜻'이라고 하였다.

그렇다. 내가 나를 감사하고 좋아하게 되면, 더 이상 나를 미워할

수 없게 되는 것이다. 또한 나를 감사하게 되면, 내면에서는 벌써 에너지가 흐르고 생기가 돌며 여유가 느껴지는 것을 자신이 알 수가 있다. 지금까지 나를 괴롭혔던 우울감이나 불안들이 물러가기 시작한다.

깊은 우울감을 갖고 있는 사람들은 흔히 "나는 감사할 것이 없는 사람이다", "하나님도 이런 나를 미워하실 것이다"라고 고백을 한다.

과연 그런가? 그렇지 않다. 하나님은 우리를 창조하시고 사랑하셨으며 우리를 위해 죽으셨고, 우리를 위해 사신다. 그분은 결코 우리를 미워하실 수가 없다. 우리가 어떤 형편, 어떤 상황에 있다 할지라도 그분은 우리를 사랑하신다.

그는 우리를 그분의 형상대로 지으셨으며 우리의 성장과 미래를 떠맡고 계신다. 하나님은 그분의 멋진 계획 안에서 우리를 빚어 가신다. 그분의 생각은 때로 우리와 다르다. 용서받지 못한 일을 했을 때에도 은혜로 용서하시며 그 완전한 사랑으로 우리 마음을 녹여 주신다. 그가 약속하신 풍성한 삶과 사랑과 용서를 우리는 한 몸에 받을 수 있는 것이다. 이 시를 소개한다.

사랑의 주님
나의 고통이 결코 헛되지 않게 해주십시오
왜냐하면 실패한 후에 배울 수 있기 때문입니다
넘어진 후에 일어설 수 있기 때문입니다
죄에 빠진 후에 극복할 수 있기 때문입니다
상처를 받은 후에 용서할 수 있기 때문입니다
불평한 후에 개선될 수 있기 때문입니다
뭉개진 후에 남을 더 잘 볼 수 있기 때문입니다

고통을 느낀 후에 좀 더 자상해질 수 있기 때문입니다
받았던 고난에 집착하지 않게 하시고,
아무것도 아닌 것처럼 여기게 해 주십시오
비극이었다고 생각하지 말게 해주십시오
그리고 아픔이었다고 말하지 말게 해 주십시오
그 모든 것을 완벽하게 잊게 해 주십시오

– 딕 아이네스 –

하나님의 영광을 위해 우울증을 사용하라.

조셉 스크라이븐은 젊은 여인과 깊은 사랑에 빠져 행복한 나날을 보내고 있었다. 그는 마침내 청혼을 했고, 그녀는 수락했다. 그녀와 함께 결혼식 계획을 세우면서 조셉의 기쁨은 날로 더해져만 갔다. 참으로 기쁜 나날들이었다. 하지만 결혼식을 불과 며칠 앞두고 비극이 벌어졌다. 조셉의 연인이 익사한 것이었다. 조셉은 수개월 동안 비탄과 깊은 우울증에 빠졌다.

그런데 그 최대 절망의 기간에 그는 그리스도께로 돌아와 은혜와 평화를 발견하게 되었다. 얼마 지나지 않아 이 젊은이는 자기 자신의 은사를 활용하여 이 세상에서 자기와 같이 비극적인 상실감으로 고통당하는 자들을 위하여 일하기 시작했다. 그는 많은 사람에게 좋은 영향을 미치게 되었다. 그리고 그는 전 세계 사람들이 즐겨 부르는 "죄 짐 맡은 우리 구주 어찌 좋은 친군지"(487장)라는 찬송을 작시했다.

친밀함의 회복

조셉이 극심한 비탄과 우울증을 멀리하고 다른 사람들을 도울 수 있었던 사실은 참으로 놀랍고 감사한 일이었다. 물론 그는 주님을 바라보며 도움을 얻었지만, 또 하나 무시할 수 없는 사실은 그가 다른 사람을 돌보며 도움을 주었다는 사실이다. 사람이 다른 사람을 열심히 섬기고 도와주는 일은 타인에게도 좋은 일이지만, 도움을 주는 사람에게도 만족감과 충족감을 주어 보람과 기쁨을 얻게 한다. 이렇게 되면 우울증은 멀리 자취를 감추게 된다.

아이러니컬한 얘기라고 할 수도 있다. "어떻게 그런 일이 가능한가?"라고 반기를 들 수도 있다. 그러나 그것은 가능한 일이고, 불가능한 일은 아니다. 곧 내가 내 자신을 도울 수도 없는데, 오히려 주님의 영광을 위해 다른 사람을 섬기게 되면, 그 안에서 얻어지는 만족감과 충족감이 나를 치유하게 되고, 그렇게도 나를 따라다니던 깊은 우울감은 이제 없어지게 되는 것이다.

과연 '우울증'도 포장된 축복이 될 수 있는가? 필자는 용감하게 그렇다고 대답한다. 어찌할 수 없는 이 깊은 우울감 때문에 하나님만을 깊이 의뢰할 수 있는 것을 배웠다면, 그것은 분명 큰 축복이라고 할 수 있다. 곧 자신의 연약함을 하나님께 깊이 의탁함으로써, 오히려 능력 있는 삶을 살 수 있다는 것이다. 성경의 다윗이 그랬고, 바울도 그랬다. 욥도 그랬고 예레미야도 그랬다. 자신의 어쩔 수 없는 연약함과 나약함 때문에 하나님을 의지하고 오히려 '능력의 사람'이 된 사람들이 무수히 많음을 우리는 성경을 통해서 알고 있다.

우울증을 사용하여, 주님을 전파하는 도구로 쓸 수도 있고, 나보다 더 심각하게 우울증을 앓고 있는 사람의 회복을 도울 수도 있다.

오랫동안 우울증을 앓고 있으면서도 상담하고 설교하며, 타인들을 도왔던 한 목사님의 고백을 들어보자.

" 내 능력이 약한 데서 온전하여짐이라."

이 말씀은 우울증에 대한 다른 시각을 우리에게 제공해 준다. 우리는 진정 우울증을 좋아하지 않는다. 바울도 '육체의 가시'를 원하지 않았다. 하지만 포기하고 싶고 스스로 의기소침해지는 순간 이 말씀을 붙들면 우리는 전혀 다른 방식의 삶을 살 수 있다. 우울증을 하나님께 맡기고 그것을 그분의 영광을 위해 사용해 달라고 구하면, 자신은 물론 타인에게까지 매우 놀라운 일이 벌어질 것이다.

이렇게 자문해 보라. 하나님께서 내게 우울증이란 고통을 허락하신 이유가 무엇인가? 그렇게 하심은 당신이 자책하도록 하려 함이 아니라 당신이 선을 행할 수 있도록 돕기 위함이다.

상담 전문가를 찾아가라.

우리나라도 지금은 많이 달라졌지만, 그래도 상담자를 찾아가 상담을 받는다는 것에 거부감을 느끼는 사람들은 아직도 많이 있다. 교회 안에서도 마찬가지다. 신경정신과에서 약을 먹거나 상담을 지속적으로 받고 있다는 것을 본인은 숨기고, 또 그런 사람과 가까이 지내는 것을 거부하는 경향들이 있다. 그러나 좋은 상담자는 내담자의 삶의 흐름을 관찰하고, 편견 없이 통찰하여 삶의 휴식과 해방을 가져다줄 수 있다. 좋은 조언을 통하여 사람들이 다시 자신의 삶을 찾도록 도와주며, 지금의 어려운 상황을 이겨낼 수 있도록 도와준다. 긍정적이고 성숙한 그리스도인이라면 더욱 좋다.

"너희가 짐을 서로 지라 그리하여 그리스도의 법을 성취하라"
(갈 6:2).

"지략(상담)이 없으면 백성이 망하여도 지략(상담가)이 많으면 평안을 누리느니라"(잠 11:14).

하나님께서는 우리에게 인생을 혼자 살라고 하시지 않는다. 서로가 서로에게 돕는 은사를 주셨고, 서로의 짐을 져주며, 같이 나눌 것을 말씀하고 계신다. 내 자신이 불행하다고 여겨질 때 전문 상담자를 찾아가는 것은, 자신이 지금 당면하고 있는 불행과 고독에서 벗어날 수 있는 가장 좋은 기회가 될 것이다.

전문 상담자를 찾아가서 우리가 얻을 수 있는 이점은 여러 가지가 있다. 그 중에서 중요한 것 몇 가지를 여기에 쓰고자 한다.

첫째, 상담자들은 당신을 돕기 위해 훈련된 사람들이고, 비밀을 지킬 수 있는 사람들이므로 무엇이든지 솔직하게 고백할 수 있다. 속내를 감출 필요가 없고, 거절을 당하는 걱정도 없다. 어떤 두려움이나 주저함 없이 다 털어 놓을 수 있어서 좋다.

둘째, 그들은 그 동안의 많은 경험을 통하여 당신 자신이 스스로 알아 낼 수 없는 것, 미처 보지 못한 것을 비추어 주는 역할을 할 수 있다. 그래서 당신이 바로 가야 할 방향과 취해야 할 행동을 같이 모색하는 일을 도와준다.

셋째, 오랫동안 훈련된 상담자는 당신의 생각이나 행동을 살피지만, 어떤 비난이나 편견을 갖지 않는다. 그들이 던지는 질문은 새로

운 각도에서 자신의 행동을 볼 수 있도록 도와준다. 자신의 사고와 행동을 새로운 방식으로 보는 것은 지금 갖고 있는 여러 가지 증상들을 극복하는 데 기초가 된다.

아직 시도해 보지 못했다면 지금 다시 한 번 더 생각해 보라. 찾아가는 용기를 내는 것은 자기 자신에게 달려 있다. 의지를 발동하여 행동에 옮겨 보자. 남의 도움을 거절하고 불필요한 고통과 싸우며 시간을 낭비할 필요가 없다. 여기에 준비된 상담자를 찾아가 변화된 삶을 살게 된 내담자의 고백을 잠깐 소개한다.

> 1년 이상 상담을 하고 난 후, 나는 확실히 다른 사람이 되었다고 고백하고 싶다. 이제 상담은 거의 끝이 났다. 그리고 나는 내 속사람이 명백히 달라졌음을 알고 있다. 물론 깊은 우울감과 싸우며 슬픔의 나락에 떨어졌던 지난날을 지금도 기억하고 있다. 더욱 힘든 것은 조절하기 어려운 감정의 덩어리들이었고, 괴롭히는 생각들과 자살에 대한 충동이었다. 그것들은 또한 더한 죄책감으로 나를 괴롭혔다.

그러나 이제는 달라졌다. 물론 우울감이 나를 불시에 찾아오기도 하지만 나는 그것들을 물리치는 법을 알고 있다. 그리고 그것들이 지나가도록 기다릴 줄도 안다. 상담 전에 나를 사로잡고 있었던 깊은 우울감이나 불안들은 더 이상 나를 괴롭히거나 나에게 큰 영향을 미칠 수는 없다. 그리고 예전의 나처럼 고통을 당하고 있는 사람을 보게 되면, 나는 나만의 극복하는 법을 말해 주기도 한다. 그리고 고정적인 상담을 꼭 받을 것을 권하게 된다.

* 서로 나누기

1. 우울증에 대한 잘못된 생각들은 무엇인가?(3가지) 그리고 이것들을 어떻게 반박할 수 있는가?

2. 우울증을 유발시키는 잘못된 분노 표현에는 무엇이 있는가? 세 가지를 설명하고 구체적인 예를 들어 보자.

3. 우울증을 줄이기 위해, 분노의 표현시 내가 선택해야 할 사항은 무엇인가?

4. 나의 고통스러움이나 어려움을 토하는 것은 어떤 면에서 우리에게 도움이 되는가? (책을 위주로, 또는 자신의 경험을 통해서)

5. 깊은 우울감 속에 있을 때 기도하고 대화하려면, 무엇이 얼마만큼 필요한가?

6. 나에게 스스로가 관대하지 못하고 비난하며 괴롭히는 것들은 무엇인가? (구체적으로 나누기)

7. 나의 내면에 있는 합리적이지 못한 생각은 무엇이며, 어떻게 그 생각을 버릴 수 있는가?

8. 진심으로 내가 감사하고 싶은 것은 무엇인가? 그리고 내가 나를 감사하지 못하는 이유는 무엇인가?

9. 전문 상담자를 찾아가서 우리가 얻을 수 있는 이점은 무엇인가? 또한 곤란한 점은 무엇인가?

10. 나의 어려운 상황에도 불구하고 내가 남을 위해서 할 수 있는 것이 있다면 그것은 무엇인가? 그리고 꼭 이루고 싶은 일은 무엇인가?

*Notes (주)

6장

1. Mark A. Sutten and Bruce Hennigan, *Conquering Depression*, Broadman, p. 278.
2. Les Carter, Frank Minirth, *The Freedom from Depression*, Thomas Nelson Publisher, 1995 p. 55.
3. 마크 맥민 《기독교 상담과 인지요법 상담 시리즈》, 두란노, p. 231.
4. Ruth Fowke, *Towards the Light*, CWR, p. 125.
5. *Ibid*, p. 122.
6. 윌리엄 바커스, 《정적 감정을 치유하는 자기고백》 p. 266.
7. 스캇 펙, 《아직도 가야 할 길》 p. 212.
8. Mark A Sutten and Bruce Hennigan, *Conquering Depression*, p. 302.

나가는 말 친밀함의 회복을 위하여

친밀함의 회복을 위하여

"이와 같이 성령도 우리의 연약함을 도우시나니 우리는 마땅히 기도할 바를 알지 못하나 오직 성령이 말할 수 없는 탄식으로 우리를 위하여 친히 간구하시느니라 마음을 살피시는 이가 성령의 생각을 아시나니 이는 성령이 하나님의 뜻대로 성도를 위하여 간구하심이니라 우리가 알거니와 하나님을 사랑하는 자 곧 그의 뜻대로 부르심을 입은 자들에게는 모든 것이 합력하여 선을 이루느니라"(롬 8:26-28).

치유에 있어서 가장 중요한 부분 중의 하나는 '치유에 참여하시는 성령'을 인정하고 받아들이는 것이다. 이미 '우리의 연약함을 체휼하신'(히 4:15) 그는 우리를 누구보다 잘 알고 돌보시며 우리와 함께 느끼고 이해하신다.

성령의 원뜻 중의 하나는 'paraklete'에서 왔다. '옆에'라는 의미의 para와 '호출하다'라는 의미의 kaleo의 합성어이다. 곧 우리의 옆에 늘 계시도록 호출된 분이다. 위의 말씀에서 알 수 있는 것처럼, 성령은 우리의 연약함과 무능력을 도우신다고 확실하게 말한다. 헬라어의 '돕다'라는 단어는 '다른 쪽에서 붙잡고 있다'를 의미하는 세 단어의 합성어이다. 곧 우리를 아시고 이해하시며, 돌보시는 하나님이 지금 우리의 회복을 위해 동참하고 계신다는 뜻이다.

우리는 결코 혼자가 아니다. 우리와 함께 계시며 위로하시고 격려하시는 그분과 동행하며 친밀함을 회복하여, 변화의 축복을 누릴 수가 있는 것이다.

또한 '예수 그리스도의 보혈과 십자가'는 우리의 치유와 회복에 있어서 가장 강력한 무기이다. 주님의 그 사랑, 다함이 없고 조건이 없는 그 위대한 사랑은 우리의 근본적인 문제인 자존감, 가치감, 소속감을 채워주는 역할과 동시에 진정한 자아정체성을 찾게 해 준다.

🌱 페르디난드 대공은 그가 생존 당시 오스트리아 왕국의 상속자였다. 그러나 그에게는 한 가지 삶에 중요한 문제가 생겼다. 그가 평민 출신의 처녀인 소피아와 사랑에 빠지게 된 것이었다. 가까스로 그녀와의 결혼을 허락받은 페르디난드 대공은 혹독한 사랑의 대가를 치러야 했다. 소피아가 비록 그와 결혼을 하더라도 그녀는 결코 왕비가 될 수 없고, 그들의 자녀들도 절대로 왕위를 물려받을 수 없을 뿐더러, 합스부르그 왕가에 들 수도 없다는 단서가 붙었다. 다시 말해서 페르디난드가 소피아와 결혼하려면 왕가의 상속권뿐만 아니라 왕가의 명예도 포기해야 한다는 조건이었다. 그러나 페르디난드는 그럼에도 그녀와 결혼했고, 죽기 전까지 행복한 나날을 보냈다.

이것은 위대한 사랑의 힘을 나타낸 글이다. 주님께서는 그 왕좌와 영화를 다 버리고 우리를 위하여 이 땅에 오셨고, 십자가의 엄청난 고통을 치르셨다. 그 위대한 '사랑의 힘'이 우리 안에 경험될 때 우리는 모든 것을 이길 수 있다.

그렇다. 그 사랑만이 우리를 감동시키며 변화시킬 수 있다. 우리가 겪는 정서적인 고통의 주된 원인은 하나님과의 친밀함의 결여이다. 하나님의 그 위대한 사랑으로부터의 떨어짐은 우리 인간들의 문제의 시작인 것이다. 그리고 그의 사랑과 회복과 수용을 통한 하나님

과의 화해는, 문제를 고치는 데에 완전한 해답이 된다. 곧 우리를 향하신 하나님의 무조건적 사랑을 우리가 깨닫게 될 때, 우리는 진정한 '자아 정체성'를 찾게 되고, 자신의 정체성을 확립하기 위해 다른 사람을 의존하는 것을 그만두게 된다.

우리가 하나님을 깊이 의지하고, 그의 말씀과 관계를 맺는 것은 다음과 같은 필요를 채우게 되는 것이다.

먼저, 우리는 무조건적인 수용과 소속감을 느낄 수 있게 된다.

> "너는 두려워하지 말라 내가 너를 구속하였고 내가 너를 지명하여 불렀나니 너는 내 것이라, 네가 내 눈에 보배롭고 존귀하며 내가 너를 사랑하였은즉"(사 43:1, 4).

다음으로 우리는 우리가 어떤 과거를 살아왔던 것과 상관없이 용서받았다는 것을 알게 된다. 우리가 느껴왔던 죄의식뿐만 아니라, 죄책감까지도 우리를 더 이상 괴롭힐 수가 없다.

> "만일 우리가 우리 죄를 자백하면 그는 미쁘시고 의로우사 우리 죄를 사하시며 우리를 모든 불의에서 깨끗하게 하실 것이요"(요일 1:9).

그리고 한 가지가 더 있다. 하나님께서는 우리의 고통이나 슬픔마저도 받으시고 치유하시고 우리를 사용하길 원하신다는 사실이다. 곧 우리의 약함이나 연약한 부분들까지도 사용하시며 그분 안에서 결국은 선이 되게 하신다.

우리 중에 그 누구도 깊은 우울증이나 불안감, 심한 분노나 열등감 그리고 굶주린 마음을 좋아할 사람은 없다. 아니 그것들은 우리를 끔찍하게 괴롭히고 나락에 떨어지게 했으며, 정서적인 절름발이가 되도록 한 것들이었다. 그렇지만 그것들을 통해서 우리는 '하나님을 더욱 의지' 하게 되고, 주님과 동행하는 비밀을 알게 되었다면, 또한 주신 '능력'을 얻게 되었고 주님의 사랑을 더욱 깊이 깨닫게 되어 내 삶의 간증과 진보를 이루게 되었다면, 이는 놀라운 축복이 될 수 있다. 곧 '모든 것이 합력하여 선을 이루는 것'이 될 수 있다.

그러므로 이 사실과 진리를 알고 있는 우리가 해야 할 가장 중요한 키는 우리가 주님 안에 거하는 것이다. 가지인 우리가 포도나무 원가지에 붙어서 원활하게 공급되는 수액을 받기 위해서는 다른 곳에 있지 아니하고 포도나무에 붙어 있어야 하는 것처럼, 우리는 그 분 안에 거하며 그 말씀으로 사는 것이다.

> 내 안에 거하라 나도 너희 안에 거하리라
> 가지가 포도나무에 붙어 있지 아니하면
> 스스로 열매를 맺을 수 없음 같이
> 너희도 내 안에 있지 아니하면 그러하리라,
> 나는 포도나무요 너희는 가지라
> 그가 내 안에, 내가 그 안에 거하면 사람이 열매를 많이 맺나니
> 나를 떠나서는 너희가 아무 것도 할 수 없음이라,
> 너희가 내 안에 거하고 내 말이 너희 안에 거하면
> 무엇이든지 원하는 대로 구하라 그리하면 이루리라"
>
> (요한복음 15장 4, 5, 7 절)

부록 오경숙 교수의 우울증 산책
(국민일보 게재)

오경숙 교수의 우울증 산책

관계단절에서 온 우울증과 자기비하

■ 사례

K는 현재 모 공과대학 2학년에 재학 중인 남학생이다. 어렵게 공부해서 대학엔 들어갔지만 고교시절처럼 친구가 없어 외롭다. 늘 혼자라는 생각에 허전하기만 하다. 또한 매사에 흥미나 의욕이 떨어져서 차라리 죽고 싶다는 생각을 한 적이 한두 번이 아니다.

몇 달 전부터 계속되는 불면증과 소화불량 때문에 신경정신과에서 처방해준 약을 먹기 시작했는데 너무 졸리고 배가 아픈 것 같아서 복용을 중단했다. 혼자 자취방에 있는 것도 불안하고 두려울 때가 있다. 이러다가 정말 어떻게 될 것 같아 불길한 생각이 든다.

■ 분석

K는 일찍 직장을 잃고, 아내와 아이들을 학대하는 아버지 밑에서 자랐다. 어머니는 넉넉하지 못한 형편에서도 자녀를 대학 교육까지 시킨 억척부인이었다. K는 어머니의 등쌀에 공부는 하였지만, 친구관계가 늘 좋지 못했다. 또한 가정에서도 마음을 나눌 사람은 없다. 자신의 환경과 주위 사람들이 두렵고 싫어서 사춘기 시절에는 여러 번 자살을 생각하기도 했다. 고교 1학년 시에는 급우들로부터 왕따를 당하고 그 충격으로 병원에 잠시 입원한 적도 있었다.

타인을 수용하기 어렵고 자신을 비하하는 감정들과 합리적이지 못한 내면의 대화들이 그를 늘 괴롭혀온 것이다. 곧 두려움, 억압된

분노, 슬픔과 외로움, 열등감, 장래에 대한 불안과 염려 등이 불면증, 소화불량, 목과 가슴 답답함, 심한 두통 등 신체적인 아픔으로 나타나고 있는 것이다.

■ 회복과 치유

첫째, 상담자나 친구(K의 말을 충분히 들어줄 수 있으며 이해할 수 있는 사람)를 통한 긍정적인 인간관계 안에서 자신의 분노, 불안, 모멸감, 우울감을 충분히 털어낼 수 있도록 한다. 하고 싶은 말을 충분히 표현할수록 좋다.

둘째, 지금의 나를 소중하고 귀중한 존재로 생각한다. 하나님께서 나를 귀하게 여기시고 그대로 받아주시듯 나를 인정하고 받으며 귀하게 여겨야 한다.

셋째, 내게 숨겨진 가능성과 비전을 찾아보고 지금의 나를 감사한다. K에게는 많은 장점이 있고 가능성이 있다. 그 어려운 환경에서도 성실하게 면학의 길을 걸어왔고 좋은 학교에 다니고 있다. 이러한 '나에 대한 감사'가 생기기 시작하면 우울증은 물러간다.

넷째, 의사소통 기술을 배워서 친구를 사귈 수 있도록 한다. 먼저 말 걸기, 거절하는 법, 자기 주장하기를 연습해서 주위에 있는 사람에게 다가가 본다.

다섯째, 부모를 이해하고 용서한다. 그럴 수밖에 없었던 부모의 형편과 상황을 이해하고 부모의 입장이 되어 생각해 본다.

어린 시절 충격으로 온 불안

■ 사례

 오랫동안 우울과 불안 속에서 살아온 J는 결혼 6년째의 주부로 4세 된 아들을 두고 있다. 비교적 성실하고 착해 보이는 남편이 맘에 들어 결혼했다. 결혼 초기부터 의견 차이, 성생활 등에 대한 갈등은 있었지만 서로가 원했던 결혼이었고, 또 귀여운 아이가 태어나 바쁜 나날들을 그럭저럭 보냈다.

 그러다가 3년 전부터 J부부는 서로 짜증과 신경질을 자주 내며 다투기 시작했다. 남편이 소리를 지르며 리모컨을 방바닥에 내던진 후부터 두려움이 많은 J는 불안과 우울감에 시달리게 되었다. 심할 때에는 자지도 못하고 먹지도 못해 쓰러지기까지 한다.

■ 분석

 J는 비교적 평범한 가정에서 태어났다. 여러 가지 면에서 칭찬을 받는 착한 딸이었다. 그런데 12세 때, 먼 친척 오빠로부터 성폭행을 당했다. 성이 무엇인지, 어떻게 방어해야 하는지도 모르는 상태에서 그런 일을 당했으므로 그 충격은 참으로 컸다. 두 번째 그런 일이 일어난 후에 J는 심한 우울증과 복통, 두통을 앓았기 때문에 어머니의 강한 보호 아래 있게 되었고, 더 이상의 성폭행은 막을 수 있었다.

 그러나 그녀는 아무리 지우려 해도 지워지지 않는 충격과 상처 때문에 우울감, 분노, 두려움, 죄책감, 열등감을 겪으며 살아와야 했다. 특히 지속되는 우울감과 불안은 어떤 계기가 있을 때마다 위협적으로 다가오곤 했다. 다행히 속해 있던 좋은 교회와 부모님의 배려로

중고교 시절은 큰 탈 없이 지낼 수 있었다.

그러나 문제는 결혼 후부터였다. J의 상태가 좋을 때에는 남편의 사랑을 느끼며 그런 대로 생활을 할 수 있었지만 그렇지 못할 때에는 더 심해지는 불안과 우울로 인해 일상생활마저 어렵고 의욕이 떨어져 자신도 어찌할 수가 없는 지경에 와 버린 것이었다.

■ 회복과 치유

첫째, 자신에게 일어났던 충격적인 일을 말할 수 있어야 한다. 머릿속에 떠오르는 사건과 감정들을 모두 말로 표현하는 것이 중요하다. 그래야만 억압과 죄책감, 우울감에서 빠져나올 수 있다. 여러 번 해도 더욱 좋다.

둘째, 죄책감과 수치심을 버리고(그 일은 내 잘못이 아니다), 이제는 과거의 내가 아니고 주님 안에서 새로운 존재임을 믿고 자유로움을 얻는다. 기도를 하거나 일기를 쓰는 것도 효과적이다.

셋째, 좋은 성생활과 가정생활을 위해서는 남편의 지지와 돌봄이 필요하다. 따뜻한 말하기, 가벼운 터치, 서로 안아주기, 서로 기도해 주기 등을 통해 부인의 과거와 감정을 따뜻하게 이해하고 안아주어야 한다.

넷째, 근육이완 운동, 심호흡, 운동 등으로 활력을 얻고 음식을 충분히 섭취한다.

다섯째, 다른 사람들을 관찰하며 좋은 말씀으로 나를 교육한다.

여섯째, 전문기관에 치료를 의뢰한다.

상실감에서 온 우울증

■ 사례

　C는 33세의 주부이다. 8세에 어머니를 잃고 조부모 밑에서 자랐다. 부모와 같이 살아가고 있는 친구들이 무척 부러웠지만 극진한 할머니의 사랑과 보호 아래서 고교를 졸업하고 은행에서 근무하다가, 그곳에서 만난 남편과 결혼까지 하게 되었다. 성실하고 정직한 남편과 2년 전에 아들까지 낳고 별 탈 없이 잘 지내왔다.
　그러다가 4개월 전에 할머니가 갑자기 지병으로 돌아가셨다. 그 후부터 C는 식욕을 잃고 말수가 적어지면서 의욕부족과 우울감으로 일상생활조차 어렵게 됐다. 불면증과 온몸의 통증을 호소하고 있다.

■ 분석

　C는 어린 나이에 어머니와 사별하고 외로움과 슬픔 속에서 살아왔다. 어머니가 보고 싶을 때마다 숨을 죽이며 혼자 울어야 했고 지극 정성을 다하는 조부모에게 이를 표현하지 못했다. 가끔 만나 돈만 주는 아버지가 싫었고 자기만 두고 일찍 돌아가신 엄마도 원망스러웠다.
　오직 자신이 잘 자라서 자기만을 사랑해주고 보살펴주신 할머니를 잘 봉양하고 효도해야 한다는 생각으로 살아온 것이다. 지금 C는 할머니의 죽음으로 인한 충격 후유증을 겪고 있으며 혼란 혹은 퇴행의 단계라고 볼 수 있다.
　할머니에 대한 죄의식과 슬픔, 죽음에 대한 분노, 허탈감과 공허감, 자기연민 등에서 기인한 우울증과 약으로도 치료하기 어려운 심

신증을 앓고 있는 것이다.

■ 회복과 치유

첫째, C는 자신이 느끼고 있는 감정들(죄의식, 슬픔, 분노, 우울감 등)을 더 이상 억제하지 말고, 표현하며 발산하여야 한다. 많이 울어야 한다.

둘째, 가족은 C의 생각과 감정을 이해하고 수용하면서 따뜻한 보살핌으로 상실감을 현실화시켜 준다.

셋째, 슬픔을 억제하지 말고, 충분히 슬퍼할 수 있는 시간을 가져야 한다. 고인에게 편지쓰기, 고인과 작별인사 나누기, 고인을 위한 기도 등을 시행하면 효과적이다.

넷째, 운동이나 산책을 권하여 잠을 잘 수 있도록 한다.

다섯째, 유품정리, 고인에 대한 이야기 나누기를 통하여 활동과 일상생활을 찾게 한다.

여섯째, 지속적으로 돌보며, 전문가에게 조언을 구한다.

미움과 원망에서 온 아픔

■ 사례

P씨(44세)는 결혼한 지 19년 된 주부이다. 가난하고 열악한 환경에서 자랐기 때문에 자신의 자녀들만은 잘 키우겠다고 결심, 남편과 함께 잡화상 채소가게 분식점 등을 운영하여 열심히 돈을 벌었다.

그러나 돈을 벌고 난 뒤 남편의 태도가 달라졌다. 비밀리에 땅을

사는 등 단독으로 돈 관리를 하고 혼자서만 등산을 다니며 아내와 멀어져 갔다.

그런 일들이 수년간 반복되자 P씨는 남편이 원망스럽고 미워서 견딜 수 없었다. 남편의 옷을 몰래 찢어버리기도 하고 캄캄한 곳에 앉아 울기도 하며 밤중에 거리를 배회하고 때로 무릎과 다리가 몹시 아파서 일상생활을 하기가 어려울 정도가 되어버렸다.

■ 분석

P씨는 시골에서 큰딸로 태어나 가난하고 힘든 어린 시절을 보내야만 했다. 특히 어머니의 복잡한 사생활 때문에 마음고생이 심했다. 친아버지는 P씨가 8세 때 지병으로 돌아가셨고 첫 번째 의붓아버지는 그녀가 13세 때 집을 나가셨고 두 번째 의붓아버지는 몇 년째 몸이 아파 방에 누워 계셔야 했다.

P씨는 어린 나이에도 힘든 일을 시키고 공부도 중단시켜 버린 어머니가 원망스럽고 미웠다. 어떻게 해서든지 돈을 벌어 미운 어머니의 기를 죽이고 싶었다. 그런데 지금은 돌아가신 어머니가 남편의 싫은 모습 속에서 재현된다.

또한 남편이 싫고 원망스러울 때면 꿈속에서 자신을 학대하는 어머니를 만난다. 때로 남편의 옷을 찢어버릴 때도 어머니의 옷이라고 착각했고 자신을 멀리하는 남편이 어릴 적 자신을 학대하고 멀리했던 어머니와 흡사하다고 느낀다.

■ 회복과 치유

첫째, 어린 시절의 고통과 미움, 상처를 누군가에게 말할 수 있어

야 한다. 자세하게 그때 느꼈던 감정, 특히 어머니에 대한 미움과 원망을 그대로 드러낸다. 기도를 통해 울부짖어도 좋다.

둘째, 증오와 미움의 감옥 속에서 해방시켜 주실 것을 간절히 원하고 또한 그렇게 될 것을 강하게 주장하라. 미워하는 마음까지도 주님께 드리고 내려놓는다.

셋째, 남편과의 의사소통을 통해 자신의 느낌을 솔직하게 표현하여 친밀감을 갖는다.

넷째, 지금의 나에 대해 감사하고 내가 지닌 장점들과 이룬 것들을 반복적으로 생각한다.

다섯째, 십자가 앞에서 어머니와 남편을 용서하고 연민의 정으로 어머니를 바라본다. 미움과 원망이 다시 생겨도 주님 안에서 자신이 용서 받았음을 생각하며 이미 용서했음을 상기한다. 용서를 여러 번 반복하여 미움의 덫에서 자유를 얻는다.

여섯째, 전문기관의 도움을 받는다.

알코올 중독

■ 사례

K씨는 40대 후반의 남성으로서 자칭 독실한 그리스도인이라고 주장하는 한 가정의 가장이다. 부동산 컨설팅 회사에 다니면서 부지런하며 친절하기로 소문 나 있고 교회 안에서도 봉사에 열심인 편이다.

그런데 술만 마시게 되면 돌변한다. 말이 거칠고 많아지며 싸움도

곧잘 하고 여러 가지 실수를 하게 된다. 술이 깨고 나면 심한 죄책감에 빠지고 몹시 우울해 한다.

■ 분석

K씨는 시골의 가난한 가정에서 8남매 중 다섯째로 태어났다. 워낙 가난한 데다 어머니는 자주 아프고 아버지는 농사일에 바빴기 때문에 부모의 사랑을 못 받고 자랐다. 감수성이 예민하고 의욕이 많았던 그에게 만족을 주는 것은 별로 없었다. 그는 외롭고 불만족한 아이로 자랐다.

그는 초등학교 시절부터 형들과 함께 몰래 집에서 흔히 접할 수 있는 술을 마시곤 했는데 그후 어려운 가정형편 때문에 대학 진학을 포기하게 되자 더욱 자주 술을 마시게 되었다. 결혼 후 아내를 만나 그리스도인이 된 K씨는 할 수만 있다면 자신도 술을 끊고 다른 이들처럼 새 생명의 삶을 살고 싶었다. 그런데도 원치 않는 실수는 계속되고 항상 우울감, 허전함, 소외감, 낙망으로 괴로워하고 있다.

■ 회복과 치유

첫째, 자신이 알코올 중독임을 먼저 인정하고 술을 마시게 되는 상황과 마음상태를 말로 표현한다. 동시에 지옥에서 벗어나고 싶은 욕구도 표현한다. 기도로 주님께 부르짖어도 좋다.

둘째, 술을 마시고 고통스러워하는 자신의 모습을 상상하는 내면적인 민감성 훈련을 반복한다.

셋째, 나는 할 수 없지만, 주님께서 꼭 도와주심을 믿고 승리한 자신의 모습을 그려본다.

넷째, 하나님 안에서 자신이 참으로 귀하고 소중한 존재임을 깨닫고 조금만 나아져도 자신을 칭찬한다.

다섯째, 주위 사람들의 지지와 협조를 구하고 자신을 표현하는 훈련을 계속한다.

여섯째, 스트레스에 대처할 수 있는 말씀과 기도를 묵상하며 자주 운동을 한다.

일곱째, 의학적 도움이 필요하면 의사의 협조를 구한다.

노인 우울증

■ 사례

N씨는 66세의 그리스도인이다. 63세의 부인과 출가한 딸 둘, 3명의 손자를 두고 있다. 3년 전 퇴직한 후 특별한 일 없이 가벼운 운동과 취미로 독서를 하고 있다. 30여 년 직장생활 끝에 맞은 퇴직이었기 때문에 휴식과 여가 생활이 당연하다고 생각하며 지내고 있는 터였다.

그런데 한 달 전부터 권태감과 무력감, 그리고 우울감이 심해졌다. 친구들과 만난 후 헤어질 때면 더욱 허전해 서글픈 마음까지 들곤 했다. 그리고 이유 없이 여기저기가 아파서 더욱 외롭다. 항우울제를 복용하고 있는데 효과가 없는 것 같다.

■ 분석

N씨의 경우는 특정한 이유 없이 노인들이 겪고 있는 우울증의 한 형태로 신체적 증상까지 함께 나타나고 있다 체중이 감소하고 머리

가 심하게 아플 때면 환각증세까지 나타난다고 했다. 잠을 못 이루고, 잠을 쉽게 깨는 것 역시 우울감을 더욱 증가시키는 요소이다. 그리고 특별한 이유가 없어도 자신이 평소에 느끼는 생각들, 즉, 서운함, 불안감, 무력감, 무가치감은 기분을 저하시키고 무기력과 의욕 상실로 이어져 심각한 우울증을 발생시키기에 충분한 요소들이다.

또한 자신의 늙어감을 인정 하지 않고 자꾸 과거의 왕성한 시절을 반추하여 지금과 비교하는 일 역시 우울감을 증가시키는 요소이다.

■ 회복과 치유

첫째, 자신이 겪고 있는 일들을 친구나 동년배들과 허심탄회하게 나누고, 자신에게 나타나는 변화를 자연스럽게 인정하고 받아들인다.

둘째, 능동적으로 취미 생활과 봉사활동을 한다, 곧 유산소 운동, 노래, 댄스, 각종 봉사 활동, 구역모임을 즐긴다.

셋째, 우울한 기분이 들면 해소하려는 적극적인 노력을 한다. 산보 운동, 목욕, 만남 등으로 우선 몸을 움직이는 것이 좋다.

넷째, 지금까지 인도하신 주님의 은혜를 생각하며 감사하고 긍정적이고 낙천적인 생각과 습관을 갖는다. 긍정적이고 감사하는 생각은 우울감을 물러가게 한다.

다섯째, 하루에 한 번 이상 외출하고 물을 많이 마시며 단 음식을 피하면서 식사를 거르지 말고 비타민 B와 C를 복용한다.

여섯째, 재미있는 책과 텔레비전 프로그램, 비디오 등을 자주 본다.

일곱째, 자신이나 타인에게 미움과 적개심이 생기면 심호흡을 하고 좋은 말씀으로 위로하고 용서한다.

성실해 보이는 직장인의 가출

■ 사례

B씨는 40대 초반의 회사원이다. 과묵하고 성실한 성격인 그는 10여 년 간 무역회사에서 근무해 차장에 이르기까지 비교적 순탄한 회사생활을 해왔다.

그런데 지난해부터 회사가 경영난을 겪으면서 그는 스트레스를 받기 시작했다. 매사에 의욕이 떨어지고 집중력도 떨어졌다. 특히 아내의 친절과 자상함이 부담스러워 늦게 귀가했고 잠자리도 거부하곤 했다. 그리고 이런 일들로 아내에게 원망과 비난을 듣게 되자 B씨는 여러 차례 가출을 시도했다. 며칠 못 가서 집으로 돌아오곤 했지만 또 언제 가출을 할지 몰라 가족은 불안해한다.

■ 분석

B씨는 엄격한 부모에게서 양육되었다. 부모의 환심을 얻기 위해 착하게 행동했고 섭섭하고 억울한 일이 있어도 내색하지 않고 참았다. 특히 어머니의 과도한 부탁을 거절하지 못하고 그대로 수행하다가 동생에게 분노를 쏟은 일도 여러 차례 있었다. 그럴 때면 억울하고 우울한 감정들이 죄책감과 더불어 자신을 괴롭혔다.

어른이 된 지금도 마찬가지이다. 상사와 동료들의 과도한 부탁을 거절하지 못하고 수행하다가 불현듯 부하 직원에게 분노를 쏟아 놓는다. 그리고 나면 더욱 심한 죄책감, 우울과 원망이 엄습한다. 그런 일들이 반복되다가 회사일로 더 큰 스트레스를 받자 내면에 억눌린 원망과 미움이 쌓여갔다. 매사에 의욕을 상실하고 사람이 무섭고 싫

친밀함의 회복

어 피하고만 싶다.

■ 회복과 치유

첫째, 오랫동안 우유부단했던 성향을 깨뜨리기 위해 다른 사람이 인정해주지 않아도 자신의 의견을 말하는 것부터 시작해야 한다.

둘째, 아내에게도 솔직하고 진실한 방법으로 자신의 사정과 형편을 설명해 오해를 풀고 친밀함을 회복한다. 표현이 어려우면 글로 써도 좋다.

셋째, 자신의 마음의 상처나 원망의 감정을 공개적으로 인정해야 한다. 자기주장을 못하는 자기 자신에게도 책임이 있음을 깨닫고 고치기 위한 건전한 목표를 세우고 실천해야 한다.

넷째, 스트레스에 대처할 수 있는 좋은 말씀을 대하거나 좋은 관계를 통해 적극적으로 도움을 받고 힘을 얻어야 한다.

다섯째, 자신이 좋아하는 일이나 취미활동, 운동을 함으로써 의욕과 인내심과 안정감을 찾는다.

마지막으로 전문기관의 도움을 받는다.

갱년기에 동반되는 우울증

■ 사례

M씨는 50대 초반의 여성으로 1남 1녀의 어머니이다. 자녀들도 장성했고 남편도 별 문제 없이 사회활동을 잘 하고 있다. 이제는 비교적 안정된 상황에서 삶을 여유 있게 즐길 때라고 생각하고 있었다.

그런데 몇 개월 전부터 얼굴 홍조와 더불어 열과 땀이 많이 나더

니 심장이 두근거리면서 잠도 못 자고 불안과 심한 우울증으로 어려운 나날을 보내고 있다. 갱년기를 겪는 또래 친구들과 비교해도 M씨의 현상은 심각한 것 같다. 의사의 권유로 호르몬제를 복용하기 시작했는데 부작용이 있는 것 같아 더욱 불안하기만 하다.

■ 분석

M씨는 평범한 어린 시절과 사춘기를 보냈다. 착하고 순종하는 큰딸의 이미지를 갖고 부모님을 기쁘게 해드린 편이었다. 결혼 후에도 별 불평 없이 남편 위주의 삶을 살았다. 또한 좋은 어머니로서 자녀들을 잘 뒷바라지 했다. 그런데 이제 자녀들은 장성해서 독립을 원하고 이성교제를 하면서 어머니와 멀어지게 되었다.

그녀의 마음속에는 표현하지 못할 허전함과 상실감이 자리 잡게 되었다. 그 동안의 희생이 억울하고 허무하게 느껴지고, 여러 가지 신체적인 변화와 증상은 그녀를 몹시 두렵게 해 남편의 친밀함에도 반응하지 못한다. 매사에 자신감이 없고 두려워진다. 또한 어떤 가치감이나 소속감을 느낄 수 없는 의욕 상실 상태다.

■ 회복과 치유

첫째, 자신이 느끼고 있는 어려움과 허무감, 우울감을 마음이 통하는 경험자에게 표현하도록 한다.

둘째, 변화를 기꺼이 받아들인다. 삶의 새로운 목표를 모색하고 다른 사람 위주의 삶에서 자신이 주인공이 되는 삶을 살아간다.

셋째, 부부간의 대화, 자녀와의 대화를 통해 서로를 알리고 용납하는 친밀함을 갖는다. 특히 식구들의 지지와 위로가 필요하다.

넷째, 봉사활동을 통해 참된 보람을 얻고 새로운 가치감을 얻는다.

다섯째, 자신을 이해하며 동시에 자녀들의 성장과 독립성을 인정한다.

여섯째, 전문기관의 도움을 받는다.

"모든 염려를 다 주께 맡기라 이는 그가 너희를 돌보심이라"(벧전 5:7).

분노를 건강하게 표현하려면?

분노는 에너지를 갖고 있어서 어떤 방법으로든 표출됩니다.

이때, 건전한 방법이나 불건전한 방법을 선택할 수 있는 사람은 물론 '자신'입니다. 건전하게 분노를 표현하기 위해서 먼저 해야 할 일은, 내 자신이 화가 났음을 인정해야 합니다. "정말 화가 났는데, 이제 어떻게 할까?"라고 소리 내어 말해봅니다. 그렇게 하면 화난 사실도 분명히 알게 되고 다음에는 어떻게 행동해야 할지 생각해 보게 됩니다.

둘째, 즉각적 반응을 자제합니다. 곧, 두 가지 반응은 하지 말아야 합니다. 분노를 폭발적으로 표현하는 것과 뒤로 물러서서 분노를 무조건 참는 일은 하지 말아야 합니다. 대신에 잠시 모든 생각을 멈추고 다음 단계로 넘어갑니다.

셋째, 분노의 원인이 무엇인지를 생각해 봅니다. 만일 어떤 사람이 정말 잘못했다면, 어떻게 잘못했는지, 그 잘못이 심각한 것인지, 가벼운 것인지를 파악하는 것이 중요합니다. 그리고 내가 과민반응을 한 것인지도 이때 살펴보아야 합니다.

넷째, 이제 어떻게 반응할지를 선택해 봅니다. 내가 선택하려고 하는 행동이 잘못을 깨닫게 하고 관계를 회복하기 위한 것인지를 자신에게 물어야 합니다. 이때 실과 득을 따져보는 것은 바람직한 일입니다. 서로 좋지 않는 결과만 가져오는 일이라면 다른 쪽으로 방향을 바꾸어야 합니다.

마지막으로, 화해를 선택합니다. 자신의 결정을 기도하며, 나의 상처를 누군가에게, 나를 믿어주는 사람에게 털어놓습니다. 객관적이든 감정적이든 누군가에게 털어놓게 되면, 일단 분노는 줄어들고 그 사람의 입장을 생각해 볼 수가 있습니다. 그런 다음에는 화해를 선택하는 것도 용이하게 됩니다.

```
판 권
소 유
```

친밀함의 회복

2012년 9월 10일 1판 1쇄 발행
2014년 3월 5일 1판 2쇄 발행

지은이 | 오경숙
발행인 | 이형규
발행처 | 쿰란출판사

주소 | 서울특별시 종로구 이화장길 6(이화동)
TEL | 02-745-1007, 745-1301~2, 747-1212, 743-1300
영업부 | 02-747-1004, FAX / 02-745-8490
본사평생전화번호 | 0502-756-1004
홈페이지 | http://www.qumran.co.kr
E-mail | qrbooks@gmail.com
         qr9191@daum.net
한글인터넷주소 | 쿰란, 쿰란출판사

등록 | 제1-670호(1988.2.27)

책임교열 | 송은주 · 홍다나

값 11,000원

ISBN 978-89-6562-356-4 03230

* 이 출판물은 저작권법에 의해 보호를 받는 저작물이므로 무단 복제할 수 없습니다.
  잘못된 책은 교환해 드립니다.